Mirano Cavaljeti-Richter

Auf der Flucht über den Balkan

Bibliothek
der Erinnerung

Zentrum für Antisemitismusforschung
der Technischen Universität Berlin

Band 25

Mirano Cavaljeti-Richter

Auf der Flucht über den Balkan

Die Kindheitserlebnisse eines Sinto-Jungen während der NS-Zeit

Herausgegeben und
mit einem Nachwort
von Annette Leo

Metropol

Alle Abbildungen:
Privatarchiv Cavaljeti

Karten: Dirk Bloch / Blochplan

ISBN: 978-3-86331-624-2

Ansbacher Straße 70 · D–10777 Berlin
www.metropol-verlag.de

Druck: buchdruckerei.de, Berlin

Inhalt

Mirano Richter-Cavaljeti

Erste Erinnerungen

Die Nationalsozialisten haben meine Familie und mich wie auch meine Verwandten verfolgt, weil wir Sinti waren. Was wir dabei erlebten, möchte ich in meinen Lebenserinnerungen erzählen. Ich widme mein Buch meinen lieben Eltern und meinem lieben Bruder, die so viel Angst, Schmerz und Leid ertragen mussten und dennoch Glück im Unglück hatten.

Am 9. Juni 1933 habe ich in Verden an der Aller das Licht der Welt erblickt. Meine Eltern und Verwandten waren Schauspieler und Komödianten. Sie traten in Dramen auf wie „Der Schinderhannes“ und „Der Kindesraub“ oder dem Lustspiel „Das Mädchen aus dem Volke“ und in vielen anderen Stücken. Auch Varietéprogramme, Akrobatik, Gesang und Tanz gehörten zu ihrem Repertoire. Onkel Hugo, der Bruder meiner Mutter, Julius Pohl, der Bruder meiner Großmutter, mein Großvater Hugo (Beckel) Franz und auch mein Großonkel Josef spielten mehrere Musikinstrumente.

Bereits im Alter von fünf Jahren stand ich zusammen mit meinem Vater auf der Theaterbühne und habe mit ihm Couplets gesungen. Meine Mutter und ihre Schwester Wally sangen Sopran. Mein Bruder Harry, meine Cousine Amanda und ich tanzten Stepp- und Kosakentanz. Mein Großonkel Josef war sehr kräftig und konnte 13 Stühle auf einmal balancieren. Tante Dina, eine weitere Schwester meiner Mutter, tanzte sehr gut Csárdás und war auch auf dem Tanzseil hervorragend.

Zusammen waren wir sechs Familien. Wir besaßen eigene Autos und Wohnwagen und spielten in unzähligen kleinen Städten, unter anderem in den Umgebungen von Hamburg, Hannover, Leipzig, Berlin und in Thüringen.

Im November 1938 ließen wir uns im thüringischen Hinternah bei Schleusingen nieder. Ein sehr kalter Winter brach an. Unsere Familien mieteten Zimmer an. Die Wohnwagen stellten wir ein. Mein Bruder Harry war sechs Jahre älter und ging in Hinternah zur Schule.

Die Familien Richter und Franz, 1931 oder 1932,
noch vor Miranos Geburt:

Von links nach rechts:
Miranos Tante Wally, seine Großmutter Adelheid Franz,
seine Mutter Luise, sein Bruder Harry,
daneben Großvater Hugo („Beckel") Franz und
dessen Sohn Hugo („Roller").

Ebenfalls noch vor Miranos Geburt:
Sein Vater Hans Richter,
seine Mutter Luise und der
erstgeborene Sohn Harry.

Oben rechts:
Mirano im Alter von fünf Jahren
zusammen mit seiner Mutter Luise.

Mirano Cavaljetis Mutter Luise,
(genannt „Perle“).

Links der Mann mit dem Hund ist „Denemann", der Bruder von Mirano Cavaljetis Vater, sitzend mit Gitarre Aloys Blum, der Bruder von Karl Blum, sitzend mit Hut, der Schwager des Vaters, Rufname „Silber", mit der Harfe Großvater Adolph Richter und ganz rechts der jüngste Bruder „Spergel", der später in Nova Gradisca verschwand.

Eines Tages, es war im März 1939, kam er ganz aufgeregt von der Schule nach Hause und erzählte, dass sein Lehrer, Herr Buch, zu ihm gesagt hatte: „Harry, sag deinen Eltern und Verwandten Bescheid, dass man euch Zigeuner in ein Konzentrationslager bringen wird. Ihr müsst Deutschland verlassen!"

Noch im selben Monat erfuhren wir, dass die Nazis den jüngsten Bruder meines Vaters in der Zwischenzeit bereits ins KZ Sachsenhausen verschleppt hatten. Außerdem hörten wir davon, dass alle Zigeuner, die sich zu dieser Zeit mit ihren Wohnwagen auf einem großen Platz in Berlin-Marzahn aufgehalten hatten, ebenfalls in ein Konzentrationslager deportiert wurden. Darunter befanden sich auch Verwandte unserer Familie. Vor lauter Angst fuhren wir daraufhin von Schleusingen nach Pleinfeld bei Weißenburg in Bayern. Dort führten wir noch das Schauspieldrama „Genoveva" auf und spielten Varieté.

Zu dieser Zeit sollte ich eingeschult werden. Doch das war nicht mehr möglich, da in Weißenburg vermehrt SS-Männer und Gestapo gesehen wurden und wir uns daher in großer Gefahr befanden. Mein Großonkel Julius meinte, dass wir weiterziehen müssen, noch bevor sie die Möglichkeit bekamen, uns aufzuspüren. Daraufhin fuhren wir mit der Angst im Nacken nach Deggendorf in Niederbayern. Dort trafen wir Verwandte, die unter dem Namen „Wanderbühne" ebenfalls Theaterstücke aufführten, unter anderem „Der Fremdenlegionär".

Ich erkrankte in dieser Zeit an Diphtherie und bekam hohes Fieber. Meine Mutter begab sich auf die Suche nach einem Mediziner und kam wenig später mit einem jüdischen Arzt an ihrer Seite zurück, der mir heimlich eine Spritze verabreichte. Nur seiner Hilfe und seinem Mut ist es zu verdanken, dass ich wieder gesund wurde.

Meine Verwandten hatten die ganze Zeit überlegt, wo wir hinziehen könnten, und entschlossen sich, nach Italien zu fliehen. Die „Wanderbühne" hingegen entschied sich für die Tschechoslowakei. Eine Frau aus dieser Gruppe schaffte es leider nicht. Sie wurde zusammen mit ihren Kindern verhaftet und ins Konzentrationslager verschleppt.

Als wir die Grenze am Brenner erreichten, wurden wir von deutschen Grenzpolizisten kontrolliert. Sie prüften die Reisepässe und auch das Theaterkammerbuch aus Berlin meines Großvaters. Wir hatten große Angst, weil die Pässe bereits abgelaufen waren. Mein Großonkel Julius, der in solchen Dingen sehr geschickt war, hatte sie „verlängert“ und mein Bruder Harry dafür aus einem Stück Schiefertafel einen Behördenstempel gebastelt. Ich weiß nicht, ob die Polizisten Verdacht geschöpft hatten oder nicht. Jedenfalls wollten sie uns nicht weiterziehen lassen.

Zur selben Zeit war die Filmschauspielerin Brigitte Horney an der Grenze, um zu Aufnahmen für den Film „Münchhausen“ mit Hans Albers nach Venedig zu reisen. Als sie mitbekam, dass man uns nicht weiterfahren lassen wollte, sagte sie zu einem der Grenzpolizisten, dass sie meinen Opa aus Berlin kenne. Sie umarmte ihn und erklärte dem Beamten, dass wir eine hervorragende Artisten-Varieté-Truppe seien. Er solle uns unbedingt weiterfahren lassen, da wir für Deutschland in Italien Werbung machen würden. Der Polizist glaubte ihr und ließ uns tatsächlich über die Grenze. Welch ein großes Glück, dass sich Brigitte Horney für uns eingesetzt hat! Sie war eine großherzige Frau, und ohne ihre Hilfe hätten wir es wahrscheinlich nicht geschafft, nach Italien zu kommen.

Beim Zirkus in Italien

Die erste Stadt, in der wir Halt machten, war Trento. Dort befand sich ein Zirkus. Der freundliche Direktor ließ uns mit unseren Wohnwagen auf seinen Platz. Mein Bruder, meine Cousine und ich tanzten dem Direktor einen Kosakentanz vor. Er war sehr begeistert davon. So tanzten wir dann im Zirkus vor Publikum und hatten mehrere Auftritte. Die Lire, die wir dabei verdienten, gaben wir unseren Eltern.

Mit den anderen Artisten und Komödianten verstanden wir Sinti uns sehr gut. Im ersten Jahr sind wir über den Winter in Trento geblieben. Meine Mutter hatte noch gespartes Geld, und mein Bruder hatte aus Deutschland etwa 25 Füllfederhalter mitgenommen, die er den Italienern verkaufte. In der momentanen Situation fühlten wir uns sicher.

Es war Anfang Mai 1941, als wir uns von dem Zirkus in Trento trennten. In der Nähe von Milano spielten wir dann mit einem gut einstudierten Programm in Turnhallen. Die Italiener waren außer sich vor Begeisterung, als mein Opa auf seiner Konzertharfe spielte und meine Mutter mit meiner Tante Wally zusammen Lieder von Schubert und Strauss sang. Onkel Josef zeigte seine Akrobatik-Künste, indem er dreizehn Stühle übereinander baute und ein Bein des untersten Stuhls mit dem Mund hielt. Mein Bruder, meine Onkel und Tanten spielten schöne Possen auf Italienisch: „Die mondsüchtige Frau" und „Die verliebte Rose". Die Italiener lachten und klatschten. Wir Kinder tanzten Stepp- und Kosakentanz vor. Wir blieben für einige Monate in der Umgebung von Milano und Brescia, bevor wir weiterzogen.

Ab Mitte August spielten wir in der Nähe von Florenz. Doch nach der Vorstellung wurden wir ganz unerwartet von der faschistischen Polizei kontrolliert. Wir brachen sofort auf und zogen nach Rom weiter. Dort blieben wir aber nur zwei Tage, da wir bemerkten, dass die Polizei überall Kontrollen durchführte. Noch bevor sie uns aufspürten, waren wir bereits nach Oberitalien geflohen. Zwei Geschwister meines Großvaters – seine Schwester mit ihrer Familie und sein jüngster Bruder – schafften es nicht nachzukommen. Wir haben sie nie mehr wiedergesehen.

In der Nähe von Bergamo stießen wir auf eine Bärenführer Artistentruppe, die uns freundlich aufnahm. Wir blieben den ganzen Winter über bei ihr und boten zusammen ein Programm mit Musik und Tanz. Im April 1942 verabschiedeten wir uns aber und fuhren weiter. In einer kleinen Ortschaft machten wir Halt, um dort die Nacht zu verbringen.

Am nächsten Morgen mussten wir feststellen, dass man unseren Wohnwagen mit Dreck beschmiert hatte. Deutlich konnten wir die Aufforderung „Raus hier!“ lesen. Mein Onkel sagte: „Wir müssen nach Kroatien fliehen!“ Meine Onkel und mein Opa fuhren schon voraus. Derweil kochte meine Mutter im Wohnwagen das Essen. Noch während wir auf die Mahlzeit warteten, kam plötzlich ein Carabiniere an unsere Wohnwagentür. Er klopfte und verlangte von meinem Vater den Ausweis. Als er den deutschen Pass sah, sagte er, dass er Meldung machen müsse und wir deshalb nicht weiterfahren dürften. Er würde morgen wieder kommen, und wir müssten dann zusammen zur Polizeistation fahren. Wir standen mit unserem Wohnwagen in der Nähe eines Hauses, dessen Bewohner von der Polizei den Auftrag bekam, auf unseren Wagen achtzugeben, damit wir nicht wegfuhren. Wir konnten sehen, wie uns der Mann von seinem Balkon aus beobachtete. Mein Vater sagte: „Wir müssen abwarten, bis es dunkel wird.“ Etliche Male sahen wir den Italiener auf seinem Balkon. Es wurde spät und finster. Wir beteten, dass er schlafen gehen möge. Nach einer Weile war er nicht mehr zu sehen.

Nun versuchten wir ganz leise, den Wohnwagen wegzuschieben. Wir schoben ihn ungefähr 50 Meter weit. Schnell hängten wir ihn an unser Auto und machten uns davon. Mit großer Angst im Nacken fuhren wir bis in den frühen Morgen hinein Richtung Kroatien. Leider ging uns das Benzin aus, und es war unmöglich, eine Tankstelle in der Nähe zu finden. Vater musste schnell handeln: Er tauschte unser Auto für zwei Pferde mit Geschirr ein und bekam noch etwas Geld dazu. Das Auto war natürlich viel mehr wert, aber Vater war es wichtig, dass wir sofort aus Italien rauskamen. Er brachte eine Deichsel am Wohnwagen an, und wir fuhren dann nur über Land- und Nebenstraßen, über Berg und Tal, Wälder und Flüsse. War der Berg zu steil, blieben die Pferde stehen. Ich musste immer wieder Holzklötze hinter die Räder legen. Mehrere Male rollte der Wohnwagen zurück über die Klötze und über meine Hand. Aber ich hatte mir nichts gebrochen. Ging es wieder bergab, bremsten wir mit nicht zu dicken Ästen, die

Italien in den Jahren 1940/42:
Links Hugo (Roller) mit der Harfe,
in der Mitte Großonkel Julius
mit der Zither und rechts
Großvater Hugo (Beckel) Franz
auch mit Harfe.

Luise Richter,
mit ihrem Bruder Hugo Franz
bei einem Auftritt 1940/42
ebenfalls in Italien.

Tante Dina im Kostüm für ihren Seiltanz-Auftritt (Italien 1940/42)

wir in die Federachse schoben. Die Wohnwagen hatten keine Auflaufbremse. Die Strecke schien kein Ende zu nehmen, mehrere Wochen waren wir unterwegs.

Über die Grenze nach Kroatien

Als wir vor der kroatischen Grenze ankamen, verweigerte uns ein Grenzsoldat (Domobran) den Übergang. Zum Glück war er kein Anhänger der faschistischen Ustascha. Meine Mutter sagte zu ihm, dass wir deutsche Varieté-Artisten seien und unsere Kollegen sich schon in Zagreb befänden, um dort auf uns zu warten. Sie machte ihm schöne Augen, sang ein Lied, und ich begann zu tanzen. Seine Miene hellte sich auf. Offenbar gefiel ihm unsre Vorführung, denn er ließ uns anchließend kommentarlos die Grenze passieren.

In Zagreb suchten wir nach meinem Großvater und nach meinen Onkeln. Wir fanden sie in einem Vorort der Stadt. Dort trafen wir auch die Brüder meines Vaters und seine Schwester Berta mit ihrer Familie, die ebenfalls aus Deutschland geflüchtet waren. Die Freude über das Wiedersehen war unbeschreiblich. Da wir keine Vorstellungen und damit keinen Verdienst hatten, schlug mein Cousin Roschi vor, in die Stadt zu fahren, um etwas Geld zu erbetteln. Roschis Großvater war ein Halbbruder meines Großvaters, er hieß Alfred Blum. Seine Söhne und Töchter waren gute Artisten auf dem Hoch- und dem Tanzseil.

Heimlich fuhren Roschi und ich auf dem Puffer einer Straßenbahn bis zum Hauptplatz von Zagreb. Ich setzte mich vor das Grandhotel. Mir gegenüber nahm mein Cousin Platz. Wenn Passanten vorbeikamen, streckten wir schnell unsere rechte Hand aus. Wir waren erfolgreich, denn viele Leute gaben uns ein paar Dinare. Nachdem wir einige Stunden gebettelt und ein bisschen Geld zusammenbekommen hatten, fuhren wir auf dem Puffer der Straßenbahn wieder zurück. Das Geld gaben wir unseren Müttern. Aber meine Mutter war wütend

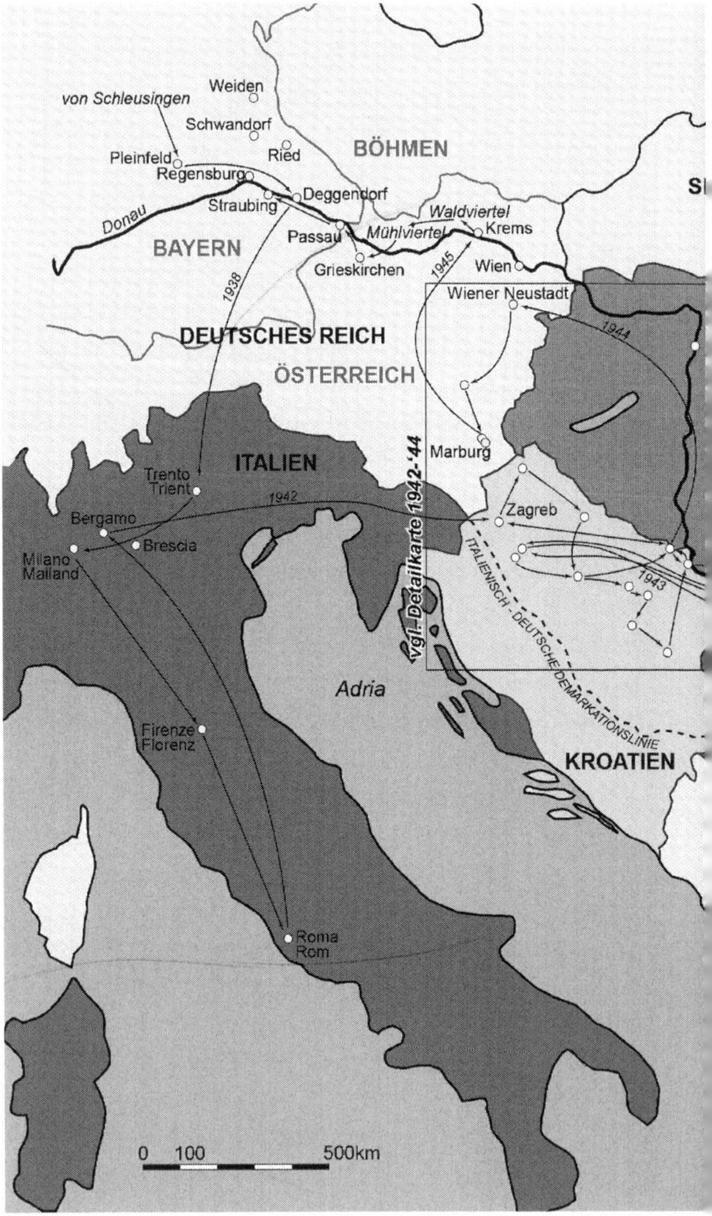
von Schleusingen
Weiden
Schwandorf
Ried
BÖHMEN
Pleinfeld
Regensburg
Deggendorf
Straubing
Donau
Waldviertel
Krems
Passau
Mühlviertel
BAYERN
Grieskirchen
Wien
1945
1938
Wiener Neustadt
1944
DEUTSCHES REICH
ÖSTERREICH
ITALIEN
Marburg
Trento
Trient
1942
Vgl. Detailkarte 1942-'44
Zagreb
Bergamo
Brescia
Milano
Mailand
1943
ITALIENISCH - DEUTSCHE DEMARKATIONSLINIE
Adria
Firenze
Florenz
KROATIEN
Roma
Rom
0 100 500km

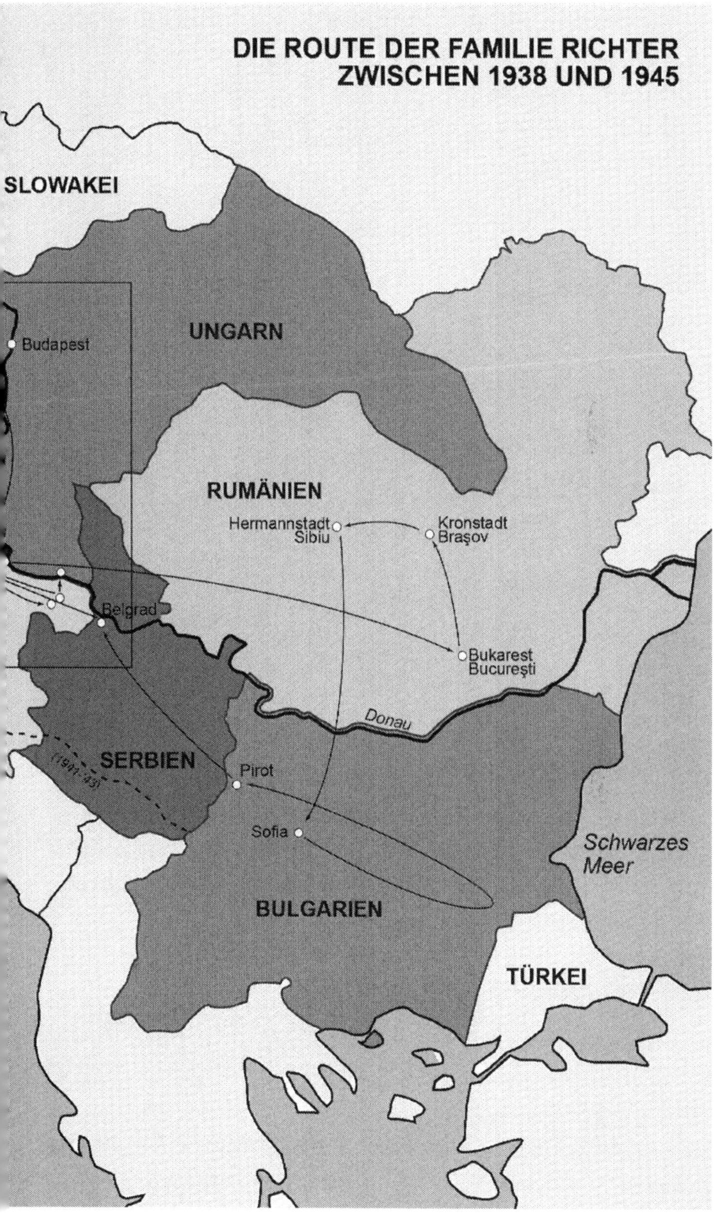
DIE ROUTE DER FAMILIE RICHTER
ZWISCHEN 1938 UND 1945
SLOWAKEI
UNGARN
Budapest
RUMÄNIEN
Hermannstadt
Sibiu
Kronstadt
Braşov
Belgrad
Bukarest
Bucureşti
Donau
SERBIEN
(1941–43)
Pirot
Sofia
Schwarzes Meer
BULGARIEN
TÜRKEI

Orte, die die Familie von 1939 bis 1945 passierte, in chronologischer Folge: Italien: Trento, Milano, Brescia, Florenz, Rom – Oberitalien: Bergamo – Kroatien: Zagreb, Varazdin an der Drau, Virovitica, Nova Gradiska, Brod an der Sava – Bosnien: Bosanski Šamac, Doboj, Tuzla – Kroatien: Vukovar, Osijek,Vukovar – Rumänien: Bukarest, Kronstadt, Hermannstadt – Bulgarien: Sofia; bis zur türkischen Grenze (dort abgewiesen) – Südostserbien: Pirot, Belgrad – Kroatien: Sisak, an der Sava entlang, Partisanengebiet im Wald, Mitrovica, Ruma, Novi Sad (ungar.Újvidék, dt. Neusatz), Petrinja, Fluss Kupa, Nova Gradiška, Osijek, Zagreb, Osijek. Durch den ungarisch besetzten Teil von Slowenien, dann nach Wiener Neustadt, weiter nach Graz, schließlich nach Marburg (Maribor) an der Drau und zu Fuß nach Thesen – Krems an der Donau, Waldviertel, Mühlviertel, Grieskirchen, Ried, Passau, Straubing, Regensburg …

auf mich, weil ich gebettelt hatte. Sie schimpfte und verbot mir, noch einmal betteln zu gehen.

Bald nach unserem Aufenthalt in Zagreb trennte sich Roschis Familie von uns und flüchtete auf anderen Wegen weiter über den Balkan. Wir sahen uns erst in Nürnberg wieder, als der Krieg vorbei war.

Ich hörte nicht auf meine Mutter und sagte zu meinem Bruder, dass ich noch einmal betteln gehen würde und er mitkommen und auf mich aufpassen solle. Am nächsten Tag fuhren wir zusammen in ein anderes Viertel der Stadt. Ich setzte mich vor einen Laden, und mein Bruder stellte sich auf die andere Straßenseite. Ich wartete und hoffte, dass jemand vorbeikommen und mir etwas Geld geben würde. Doch die Leute gingen einfach an mir vorbei, ohne mich zu beachten. Ich dachte mir, dass dies die Gottesstrafe sei, weil ich nicht auf meine Mutter gehört hatte. Nach einer Weile aber kam eine alte kroatische Frau zu mir und sagte: „Cekaj malo" („Warte ein bisschen"). Sie ging in den Laden und kam nach einer Weile wieder zu mir. Ich dachte, ich würde jetzt Geld bekommen. Doch sie holte aus einem Tuch ein Stück Käse und steckte es mir in den Mund. „Dobro" („gut"), sagte sie und ging weiter. Der Käse schmeckte mir überhaupt nicht, er war viel zu scharf. Ich konnte ihn nicht herunterschlucken. Ich stand auf, ging um die Ecke und spuckte ihn aus. Danach setzte ich mich wieder vor den Laden. Nun bemerkte ich, dass ein Kroate uns beobachtete. Auch mein Bruder hatte ihn im Auge und sah, wie er auf mich zuging. Sofort stand mein Bruder auf, holte ihn ein und sagte zu ihm auf Kroatisch: „Warte, ich werde ihn fangen". Er rief mir zu, ich solle schnell aufstehen und weglaufen. Ich rannte sofort los. Mein Bruder lief hinter mir her, und als er mich eingeholt hatte, sagte er, ich solle mich an seiner Jacke festhalten. Ich war ja noch sehr klein. Er zog mich so schnell mit, dass meine Beine in der Luft hingen. Der Kroate blieb zurück. Wir waren noch einmal davongekommen. Unseren Eltern haben wir davon nichts erzählt. Aber danach habe ich in Zagreb nicht mehr gebettelt.

Der Bruder meines Vaters, Adolph Richter, seine Schwester Berta und ihr Mann stießen wieder zu uns. Gemeinsam fuhren wir über die Dörfer und spielten Varieté. Aber das Geld reichte nicht. Meine Tanten stellten aus Krepppapier Blumen in mehreren Farben her. Daraus machten sie Buketts. Sie gingen damit zu Bauern und tauschten sie gegen Speck, Schmalz und Brot ein.

Nach einigen Wochen zogen wir weiter und erreichten eine kleine Ortschaft. Dort sahen wir Wohnwagen und ein Auto, umgeben von einer Zeltbahn. Wir waren vollkommen überrascht, als wir feststellten, dass unsere Verwandten väterlicherseits namens Winter hier Station machten. Auch sie waren aus Deutschland geflohen. Sie nannten sich Zirkus-Artisten. Wie wir gaben sie ebenfalls Varieté-Einlagen auf dem Seil und am Trapez, außerdem führten sie Ring-Akrobatik vor und traten als Clowns auf. Sie waren hervorragende Artisten. Wir blieben mehrere Wochen mit ihnen zusammen und spielten gemeinsam in den Dörfern. Die deutsche SS und die Ustascha sind uns nicht begegnet. Gott sei Dank!

Danach fuhren wir weiter nach Varaždin an der Drau. Wir angelten Fische, unsere Pferde ließen wir im Fluss schwimmen und wir Kinder schwammen mit. Es ging lustig zu. Nach fünf Tagen reisten wir nach Virovitica weiter. Wieder zogen wir durch die Dörfer und gaben Varieté-Vorstellungen. Zur Aufbesserung unseres mageren Einkommens gingen wir mit unseren Papierblumen bei den kroatischen Bauern von Haus zu Haus, um dafür Essen einzutauschen. Manchmal versuchte ich auch, mit Betteln ein paar Groschen zu verdienen.

Wieder zogen wir weiter und machten in der kleinen Stadt Nova Gradiška halt. Dort spielten wir und fuhren dann nach Brod an der Sava, die fast so breit ist wie die Donau. Wir ließen die Pferde schwimmen und schwammen mit. Es gefiel uns sehr gut, wir waren vergnügt. Auch angelten wir viele große Zander. Den größten fing mein Vater. Doch dann sahen wir in dem Fluss Leichen von Menschen, die vermutlich erschosssen worden waren, treiben. Es war uns unmöglich, die Fische zu essen.

Kein Glück in Bosnien

Über die Sava-Brücke fuhren wir nach Bosnien. Dort spielten wir in Bosanski Šamac. Doch es kamen nicht viele Zuschauer zu unseren Vorstellungen. Daher zogen wir weiter bis nach Doboj. Dort spielten wir vor sechs bis acht muslimischen Männern. Frauen mussten zu Hause bleiben. In der Stadt Tuzla war es dasselbe. Mit dem Varietéspielen konnten wir zu wenig verdienen. Auch mit unseren Papierblumen hatten wir kein Glück. Die Männer wimmelten uns vor ihren Haustüren ab. Sie sagten, sie bräuchten keine Blumen, und forderten uns auf zu verschwinden. Ihre Frauen waren nicht einmal an die Tür gekommen.

Nach zwei Wochen verließen wir Bosnien. Von unseren Verwandten, den Winters, hatten wir uns mittlerweile verabschiedet. Mein Opa, meine Oma und ihr Bruder Julius mit Familie fuhren mit uns. Insgesamt waren wir mit sechs Familien unterwegs. Zuerst machten wir uns auf den Weg in die kroatische Stadt Vukovar, wo wir nicht lange blieben. Danach ging es weiter nach Osijek, eine größere Stadt. In einem Vorort der Stadt lebten Volksdeutsche, für die wir Varieté spielten. Aber schon bald bemerkten wir, dass sich hier die SS und die Gestapo aufhielten. Wir bekamen große Angst, denn es waren viele, und sie waren überall zu sehen.

Julius meinte, dass wir nach Rumänien fliehen sollten. Hier in Osijek waren zu viele SS-Leute und Polizisten, die uns hätten kontrollieren und verhaften können. Deshalb zogen wir zunächst weiter in andere Dörfer. Doch auch hier sahen wir immer wieder SS-Leute. Unsere Familien beschlossen, wieder zurück nach Vukovar zu fahren, wo wir unsere Wohnwagen auf einen Güterzug verladen ließen. Der Zug fuhr bis Bukarest, die Hauptstadt von Rumänien. Unsere Pferde mussten wir schweren Herzens verkaufen. In Bukarest ließen wir die Wohnwagen noch auf den Güterwaggons bei der Bahnrampe stehen und wollten die Situation erst einmal erkunden. Wir mussten vorsichtig sein und durften uns nicht in Gefahr bringen.

Mein Onkel Julius war mutig und wollte unbedingt Vorstellungen arrangieren. Er nahm mich mit auf eine Tour durch die Restaurants, um Auftritte zu organisieren. In einem der Lokale durften wir uns präsentieren. Julius spielte Geige, ich steppte und tanzte Kosak. Auch andere Musiker gaben ihre Einlagen. Während ich Kosaken- und Stepptanz vorzeigte, spielte mein Onkel mit ihnen. Danach nahm er seinen Hut und ging zu den Zuschauern. Ich hörte, wie er „varoa" („bitte") sagte. Daraufhin warfen ihm die Leute ein bisschen Geld in seinen Hut. Dem Publukum hatte es wirklich gut gefallen, und wir bekamen viel Applaus.

Leider waren auch viele SS-Soldaten in der Stadt. Auf dem Güterbahnhof sahen mein Bruder und ich mit eigenen Augen, wie sie Juden in Viehwaggons trieben. Sie schlugen sie mit ihren Gewehrkolben. Die Frauen und Kinder schrien und weinten. Es war ein fürchterlicher und grausamer Anblick.

Mein Vater und Onkel Josef meinten, dass wir versuchen sollten, in Rumänien zu bleiben, dass wir uns aber von der Großstadt fernhalten müssten. Unsere Wohnwagen ließen wir ausladen. Vater und die anderen Familienmitglieder kauften neue Pferde, und zusammen fuhren wir in Richtung Kronstadt, wo in einem Vorort auch Volksdeutsche lebten. Wir spielten für sie, aber wieder bemerkten wir viele SS Soldaten und bekamen große Angst. So fuhren wir weiter zu einem Vorort von Hermannstadt und spielten wieder für die dortigen Volksdeutschen.

In der Stadt gab es im Kino den amerikanischen Film, „Frankenstein" mit Boris Karloff. Mein Bruder nahm mich mit ins Kino. Als der Film begann, öffnete sich das Dach des Kinosaals. Man sah den Sternenhimmel. Er war märchenhaft schön. Der Film war spannend, aber auch gruselig. Ich hatte Angst und fürchtete mich, im Dunkeln nach Hause zu gehen. Unsere Wohnwagen standen außerhalb der Stadt. Mein Bruder nahm mich an der Hand und begleitete mich fürsorglich, bis wir zu Hause waren.

Am folgenden Tag, kam plötzlich eine Wagenkolonne mit SS-Männern an uns vorbei. Wir erschraken, bekamen Angst und glaubten, dass sie uns jetzt fassen würden. Aber glücklicherweise hielten sie nicht an und fuhren an uns vorbei. Onkel Julius meinte, dass wir Rumänien verlassen müssten. Alle stimmten zu. Daraufhin wurden die Pferde wieder verkauft und die Wohnwagen auf Güterwaggons verladen. Wir flohen weiter nach Bulgarien.

Umkehr an der türkischen Grenze

Nachdem wir in Sofia, der Hauptstadt von Bulgarien, angekommen waren, ließen wir unsere Wohnwagen vorerst auf der Bahnrampe zurück. Unsere Familien wollten die Lage in der Stadt erkunden. Aber schnell war klar, dass wir nicht bleiben konnten, denn in der Stadt und auf den Dörfern hielten sich SS und Polizei auf.

Mein Onkel sah keinen anderen Ausweg als die Flucht in die Türkei. Wir brachen auf. Hermann Blum, der zweite Halbbruder meines Opas, und sein Cousin Karl Blum mit ihren Familien fuhren uns mit einem Güterzug nach. Als wir die Grenze erreicht hatten, erhielten wir von der türkischen Polizei die schlimme Nachricht, dass wir nicht einreisen durften, angeblich, weil die Engländer schon in Istanbul gelandet waren. Wir kehrten um in Richtung Pirot in Südostserbien. Von dort aus ging es zurück nach Belgrad. Hermann Blum, Karl Blum und ihre Familien kamen nicht nach. Wir wussten nicht, wo sie geblieben waren. Wir kauften uns wieder Pferde und tauschten unseren großen Wohnwagen gegen einen kleineren, sodass mein Vater noch etwas Geld dazubekam. Wieder fuhren wir in kleine Orte und spielten dort Varieté.

Wir blieben nicht lange und reisten weiter nach Kroatien. In den meisten Orten gab es kein elektrisches Licht. Wenn wir Vorstellung hatten, tanzten wir und wurden von zwei Karbidlampen von links und rechts angestrahlt. Es war nicht besonders schön, aber was blieb uns schon übrig? Wir waren froh, dass in diesen kleinen Orten die SS nicht zu sehen war.

Mirano mit seinem Bruder Harry und der Hündin Lila

vor ihrem Wohnwagen auf dem Güterbahnhof in Sofia (Bulgarien)

Als wir zum nächsten Ort aufbrachen, fuhren mein Opa und meine Onkel voraus. Wir verloren sie aus den Augen und gerieten auf eine andere Landstraße. Nach mehreren Kilometern erreichten wir einen Ort mit ein paar Häusern. Plötzlich tauchten Partisanen auf. Sie standen auf einmal vor uns und hielten uns an. Der Chef der Partisanen verlangte von meinem Vater die Papiere. Als er den deutschen Pass sah, sagte er zu Vater, er sei wohl ein Spion. „Nein", antwortete Vater, „wir sind Artisten, Varietéspieler, deutsche Cigani. Wir sind von Deutschland geflüchtet, sonst hätte man uns ins Konzentrationslager geschickt." Mein Bruder sprach gut Kroatisch und erklärte, dass wir uns in der Straße geirrt hätten. „Unsere Verwandten sind eine andere Straße gefahren. Wir sind Komödianten, sie warten auf uns. Bitte lassen Sie uns weiterfahren." Auch meine Mutter bat, er solle uns ziehen lassen.

Der Partisan ließ sich nicht erweichen und ging zu seiner Truppe. Auf einmal kam ein etwa zwölf Jahre alter Junge. Er hielt in seiner Hand den Pass meines Vaters, setzte sich vor uns hin und beobachtete uns. Es wurde immer später. Ich hatte Hunger und kletterte auf einen Baum, um ein paar Pflaumen zu pflücken, aber leider kam ich nicht dazu. Ein junger Partisan holte mich vom Baum und schlug mich mit einer Rute. Es tat mir so weh, dass ich weinen musste. Dann kam plötzlich eine alte Kroatin, die uns eine Schüssel voll saurer Milch mit Brotstücken zum Essen gab. Unter Tränen sagte sie, dass sie glaube, die Partisanen würden uns erschießen. Meine Mutter und ich erstarrten vor Angst und weinten. Wir beteten zu Gott, dass er uns helfen möge, von hier heil wegzukommen.

Nach einer Weile kam der Partisanenchef zurück. Auf Kroatisch bat mein Bruder ihn, er solle uns doch weiterfahren lassen, er bekäme dafür 8000 Kuna. Der Partisan nahm das Geld gerne an. Dennoch blieb er misstrauisch. Er zögerte eine Weile, doch dann gab er meinem Vater den Pass zurück und ließ uns fahren. Wir dankten Gott, dass wir dieser gefährlichen Situation entkommen waren.

Am nächsten Tag fanden wir in einem kleineren Dorf meinen Opa und meine Onkel sowie die Brüder meines Vaters und seine

Schwester mit ihrer Familie. Es war eine riesige Freude, sie wiederzusehen. Als wir im nächsten Ort ankamen, trafen wir auch unsere Verwandten, die Winters und die Bergmann-Hartmans, wieder. In den umliegenden Orten und Dörfern hatten wir die Möglichkeit, ein paar Wochen lang unsere Darbietungen zu zeigen.

Das Versteck im Maisfeld

Auf einer unserer Fahrten mussten wir die an der Mündung der Kupa gelegene Stadt Sisak durchqueren. Vor und hinter der Stadt war jeweils ein Kontrollpunkt. Alle unsere Verwandten waren schon durchgekommen, doch als wir mit Opa und Onkel Josef in der Stadtmitte angelangt waren, hörten wir plötzlich den schrillen Ton einer Sirene. Wir glaubten, es sei Fliegeralarm.

Doch dann wurden wir von deutschen Posten angehalten. Ein SS-Offizier mit Totenkopf auf seiner Mütze sagte zu meinem Opa, dass wir nicht weiterfahren dürften. Opa versuchte ihm zu erklären, dass wir Varietéspieler seien und den nächsten Veranstaltungsort aufsuchen wollten. Er zeigte ihm sein Theaterbuch aus Berlin. Der SS-Mann erwiderte: „Das werden wir prüfen! Wir warten auf die Nachricht aus Berlin, ob ihr Künstler oder Zigeuner seid!“ Opa wollte noch etwas sagen, da schlug ihm der SS-Mann ins Gesicht und herrschte ihn an, dass er ruhig sein solle. Unsere drei Wohnwagen mussten wir auf einem abgelegenen Platz abstellen. Sie konnten vom Gebäude der deutschen SS aus mit einem Fernglas beobachtet werden. Ich versteckte mich den ganzen Tag in einem Maisfeld. Ich hatte Todesangst, weinte und betete, dass uns die SS nicht nach Deutschland ins Konzentrationslager schicken möge. Am späten Abend, es war schon finster, kam mein Bruder. Er hatte mich gefunden und brachte mir etwas zu essen.

An diesem Abend kehrte Hugo, der Bruder meiner Mutter, zu uns zurück. Er hatte sich durch die Sperre geschlichen und wollte nach uns sehen. Als er hörte, dass uns die SS nicht weiterfahren ließ, sagte er: „Ihr müsst die Stadt so bald wie möglich verlassen – morgen, ganz früh, wenn es noch dunkel ist." Er hatte von seinem Großonkel Winter das Auto geborgt und wollte hinter der Sperre auf uns warten.

Ganz früh am nächsten Tag – es war noch dunkel und dichter Nebel – flüchteten wir über Hügel und Wiesen am Ufer des Kupa-Flusses entlang. Als es hell wurde und der Nebel verschwunden war, konnten die Wachen uns vom Kontrollpunkt aus sehen. Sie begannen auf uns zu schießen. Die Kugeln gingen haarscharf an uns vorbei. Ich lief vorn und duckte mich immer wieder. Ich hatte große Angst und rannte um mein Leben. Es war, als würde ich durch die Hölle gehen müssen. Meine Familie war hinter mir. Gott sei Dank sind wir durchgekommen – wir hatten großes Glück!

Doch mein Vater und mein Bruder, die unsere beiden Pferde und zwei Koffer mitgenommen hatten, schafften es nicht, denn die Pferde kamen in dieser unwirtlichen Gegend nicht voran. Wir warteten noch ein paar Minuten, aber sie waren verschwunden. Mutter und ich begannen zu weinen. Ich dachte, jetzt würde ich meinen Bruder und meinen Vater nicht mehr wiedersehen. Mein Onkel beschloss weiterzufahren. Er raste so schnell, dass ein Reifen platzte, aber er hielt nicht an und sagte: „Wir haben es nicht mehr weit." Nach etlichen Kilometern erreichten wir einen kleinen Ort, an dem unsere Verwandten auf uns gewartet hatten. Alle freuten sich, doch meine Mutter und ich waren traurig.

Die Bauern, die wir um ein Quartier baten, ließen uns auf ihrem Fußboden schlafen. Ich träumte, dass mein Vater und mein Bruder mit dem Untergestell (Platon) eines unserer Wagen und mit unseren beiden Pferden nachgekommen waren. Ich erzählte meinen Traum am nächsten Tag meiner Mutter, und sie sagte, dass sie denselben Traum gehabt habe. Wir beteten, dass unser Traum in Erfüllung gehen würde.

Es war am späten Nachmittag, als mein Vater und mein Bruder wirklich mit unseren zwei Pferden vor uns standen. Wir umarmten uns und weinten vor Freude. Mein Bruder erzählte, wie sie es geschafft hatten, die Strecke von Sisak aus zurückzulegen: Mit den Pferden und dem Platon waren sie nur langsam vorangekommen. Wachposten schossen auf sie. Plötzlich kamen Soldaten von der Straßensperre auf sie zu, sie mussten stehen bleiben. Es waren Gott sei Dank vier kroatische Domobrani, nicht die deutsche SS oder die Ustascha. Ihr Vorgesetzter fragte, wohin sie fahren wollten. Mein Bruder antwortete auf Kroatisch, dass sie Artisten vom Zirkus seien und die Pferde nur grasen lassen wollten. Der Domobrani fragte: „Und was sollen die zwei Koffer bedeuten?", die über einem Pferd hingen, und warum sie nicht die Straße über den Kontrollpunkt und stattdessen den Partisanenweg genommen haben. Mein Bruder erwiderte: „Die Deutschen lassen uns nicht mehr weiterfahren." Er nahm den Kroaten beiseite und bot ihm 20 000 Kuna (das entsprach etwa 1000 Reichsmark), wenn er sie durch die Sperre lassen würde. Der Mann war einverstanden und sagte, sie müssten am nächsten Tag um Punkt 8 Uhr an der Sperre sein, er sei sonst nicht mehr da, und mein Bruder solle das Geld nicht vergessen.

Sie gingen zurück zum Platz, von dem sie aufgebrochen wren, um zu flüchten, und überlegten, wie sie wenigstens den Platon retten konnten, denn die Wohnwagen wurden beobachtet. Sie kamen auf die Idee, sich vier leere Tonnen zu besorgen. Dann trennten sie den Platon vom Wagen, stellten die Tonnen darunter und zogen das Fahrgestell vor. Die Deutschen bemerkten nichts, denn sie sahen immer noch die drei Wohnwagen.

Mein Bruder Harry überlegte, wie er die 20 000 Kuna besorgen könnte. Mein Vater hatte nicht mehr so viel Geld. Harry kam auf die Idee, die schönsten Kleider der Tante Wally, die Anzüge von Großonkel Josef und auch noch Sachen von der Mutter und den Großeltern zu verkaufen. Er packte alles zusammen und stellte sich auf die Save-Brücke. Die Sachen verkaufte er für wenig Geld an Leute, die gerade vorbeikamen. Fast jeder hatte etwas genommen und bezahlt, erzählte er. Am nächsten Tag früh am Morgen ging er noch einmal zur Brücke und bot die restlichen Stücke an. Zum Glück brachte er die 20 000 Kuna zusammen. Es war höchste Zeit, unser Vater hatte die Pferde schon eingespannt. Es war kurz vor 8 Uhr früh. Schnell fuhren sie zum Kontrollpunkt. Der Soldat war noch da. Mein Bruder gab ihm das Geld, der Kroate zählte hastig nach und sagte „dobro“ („gut“), und: „idi“ („fahr“). Er schlug mit seiner Hand auf den Rücken des Pferdes. Schnell fuhren sie davon. Was für ein großes Glück sie hatten!

Verkleidete Partisanen

Am späten Nachmittag, als es schon dunkel wurde, kam plötzlich ein deutscher Soldat zu uns. Er fragte, ob wir für sie spielen würden: „Ihr seid doch Artisten, Varietéspieler, ihr würdet uns eine Freude machen.“ Es kamen noch drei deutsche Soldaten dazu, wir bekamen Angst. Mein Großonkel meinte: „Es bleibt uns nichts anderes übrig, als mitzugehen.“ Wir schlossen uns den Soldaten an – mit Pferd, Wagen und einem Auto. Wir fuhren in einen Wald, es wurde immer dunkler. Vater fragte einen Soldaten, ob es noch weit sei. Er antwortete nur kurz, dass wir bald da sein würden.

Wir bekamen große Angst, die ganze Situation war furchterregend. Plötzlich zogen die vier Soldaten ihre deutschen Uniformen aus und wechselten die Mützen. Sie entpuppten sich als Partisanen. Vater sagte: „Was habt ihr vor? Wir sind Zigani, deutsche Zigeuner, wir sind von Deutschland geflüchtet.“ Sie antworteten, sie würden uns zum Kommandanten bringen. Noch immer war kein Lagerplatz in Sicht. Der Wald wurde immer dichter. Es gab keinen Weg mehr. Die Platons mussten wir zurücklassen und durch Gebüsche und Bäche laufen. Das Auto hatten sich die Partisanen gleich genommen.

Unsere Angst wurde immer größer. Die Partisanen schlugen mit einer Machete die Gebüsche frei, damit wir durchgehen konnten. Dann tauchten immer mehr Partisanen auf, auch Frauen. Eine von ihnen wollte meine Schuhe haben. Ich weigerte mich, sie auszuziehen. Aber als sie mir mit ihrem Gewehr drohte, bekam ich Angst, dass sie mich erschießt, und gab sie ihr. Dann lief ich barfuß weiter und weinte. Ich betete, der liebe Jesus möge uns beistehen, dass wir nicht umgebracht werden. Es war spät und finster. Nach langem Laufen erreichten wir ein altes Haus. Zu essen und zu trinken gab es nichts, und wir mussten im Freien schlafen.

Am Morgen gab man uns Brot und Wasser. Ich dachte: Von Sisak sind wir mit Gottes Hilfe noch einmal weggekommen, und jetzt haben uns die Partisanen. Es war furchtbar, immer in dieser Angst zu leben!

Am nächsten Tag suchten wir vergeblich nach unseren Koffern. Vater informierte einen Partisanen, dass sie wohl gestohlen worden seien. Der Partisan meinte, er solle zurückgehen zu dem Platz, wo wir die Platons zurückgelassen hatten, und seine Koffer suchen. Er gab ihm ein „Propustnica", einen Passierschein, damit er durch die Partisanenzone durchgelassen würde. Wir hätten wieder zurückgehen können, aber unsere Eltern wollten unsere Verwandten nicht im Stich lassen, und so sind wir zusammengeblieben.

Drei Partisanenfrauen befahlen uns, mit ihnen weiterzugehen. Meine Verwandten mussten ihre Schuhe, Stiefel, Kleider und Anzüge ausziehen und ihnen geben. Vor allem Schuhe waren bei den Partisanen Mangelware. Einige von ihnen hatten ihre Füße mit alten Tüchern und Lumpen umwickelt. Dann zwangen sie uns, ihre zerschlissenen Hosen anzuziehen. Es war gewiss nicht zum Lachen, aber es sah komisch aus, denn die Hosen passten nicht, sie waren viel zu klein.

Drei Tage dauerte es, bis wir zum Kommandanten kamen. Der war die rechte Hand von General Tito. Er ordnete an, dass wir etwas zu essen bekamen. Wir verspeisten Suppe aus einem großen Waschkessel. Dazu gab man uns Brot. Da wir nur fünf Löffel hatten, musste einer nach dem anderen damit essen. Danach befahlen sie den Männern unter uns, sich in einer Reihe aufzustellen. Der Kommandant zog seine Pistole und drehte sie ein paar Mal in seiner Hand. Unsere

Männer waren erstarrt vor Angst und Schrecken. Wir glaubten, dass er alle erschießen würde. Wir weinten und beteten .

Der Kommandant grinste und steckte seine Pistole wieder ein. Er nahm sich die Geige von Onkel Julius, spielte darauf und nahm sie an sich. Er sagte zu den Männern, dass sie sich den Partisanen anschließen und mit ihnen zusammen kämpfen sollten. Als das die Frauen hörten, schrien sie, weinten und baten, er solle sie freilassen. Der Kommandant antworte: „Wer ein Kind hat, braucht nicht zu kämpfen." Auf einmal hatte jeder ein Kind auf seinem Arm. Der Kommandant schüttelte den Kopf: „Mit euch Ziganis kann ich nichts anfangen. Ihr seid frei. Ihr könnt wieder gehen. Aber eure Pferde und was ihr sonst noch habt, müsst ihr hierlassen." Er fügte hinzu: „Wenn wir den Krieg gewinnen – und wir werden ihn gewinnen –, dann bekommt ihr alles wieder zurück."

So sind wir mit Gottes Hilfe den Partisanen entkommen.

Drei Tage hatte es gedauert, bis wir das Quartier des Kommandanten erreicht hatten, aber um aus dem Wald herauszukommen, brauchten wir nur einen halben Tag, so schnell sind wir gelaufen. Wir waren 45 erwachsene Personen und 18 Kinder. Dann trennten sich einige wieder von uns. Die beiden Brüder meines Vaters und seine Schwester Berta mit Familie wollten sich vorübergehend in den Dörfern in der Nähe der Stadt Nova Gradiška niederlassen. Wir verabschiedeten uns. Nun waren wir wieder sechs Familien. Ein kroatisches Ehepaar ließ uns in ihr Haus. Sie gaben uns zu essen und trinken. Wir machten uns zum Schlafen auf dem Fußboden ein Bett aus Stroh mit einer Decke und einer alten Teppichbrücke. Das Ehepaar hatte selber nicht viel. Es waren gute Menschen.

Der Winter nahte. Ende November/Anfang Dezember 1943 war es sehr kalt, und ich musste immer noch barfuß gehen. Meine Mutter erbettelte für mich von einem Kroaten ein Paar alte Schuhe. Sie waren drei Nummern zu groß, doch ich freute mich darüber. Opa und meine Onkel waren bei einem Bauern untergekommen und schliefen im Stall. Am frühen Morgen stellte Onkel Josef fest, dass eine Kuh seine

Jacke bis auf einen kleinen Rest aufgefressen hatte. Er ärgerte sich sehr darüber und war verzweifelt, denn es war eiskalt.

Überfall auf ein Partisanendorf

Durch Zufall kam Onkel Hugo mit einem Feldwebel der Wehrmacht ins Gespräch. Er war mit seiner Truppe in der kleinen Stadt Mitrovica stationiert. Onkel erzählte ihm, dass wir Artisten aus Deutschland seien und dass uns die Partisanen alles weggenommen hätten – unsere Pferde, Kleidung, Schuhe und unsere Kostüme. Der Feldwebel überlegte kurz und telte dann meinem Onkel mit, dass sie morgen früh einen Partisanenort stürmen würden. Er solle mit ihnen mitfahren und könne sich Pferd, Wagen, Kleidung und Schuhe zurückholen. Er solle um 6:00 Uhr früh bei ihm sein und noch andere Männer mitbringen. Er selbst käme mit einem Panzerspähwagen und drei weiteren Soldaten. Onkel Hugo willigte ein und nahm am nächsten Morgen meinen Vater, meinen Bruder Harry, seinen Schwager Paul und Josef zum verabredeten Ort mit. Wir beteten, dass ihnen nichts passiert und dass wir sie heil wieder in die Arme nehmen könnten. Nach etwa sechs Stunden kamen sie mit vier Pferden, vier Leiterwagen, gebrauchten Decken sowie gebrauchter Kleidung zurück. Sie waren wieder da! Die Freude war groß.

Mein Bruder erzählte, die deutschen Soldaten hätten das Partisanendorf eingenommen und die Partisanen erschossen. Tote lagen am Boden – auch Frauen mit offenen Augen. Der Anblick sei grauenvoll gewesen. Harry beobachtete den Überfall mit großer Angst. Er erzählte weiter, dass die Pferde, die auf dem schneebedeckten Feld herumliefen, sich nicht einfangen lassen wollten. Es dauerte sehr lange, bis sie sie ergreifen konnten. Bei dem Feldwebel bedankten sie sich, und auch bei seinen Kollegen.

Nach der Rückkehr sagte der Feldwebel zu meinem Onkel, dass sie sich freuen würden, wenn wir für sie eine Varietévorstellung geben würden. Mein Onkel stimmte sofort zu: „Wir spielen für euch. Wir müssen nur neue Kostüme nähen lassen. Sobald sie fertig sind, spielen wir.“ Seidenstoff gab es nicht. Wir ließen uns aus rotem und schwarzem Krepppapier Russenjacken und Hosen schneidern. Der Feldwebel schenkte uns alte Stiefel zum Tanzen. Mein Großonkel Josef ließ sich aus hellblauem Krepppapier ein Hemd nähen. Es sah komisch aus. Auch die Stiefel, in denen ich den Kosakentanz aufführte, waren viel zu groß, aber es gab nichts Besseres. Mein Onkel Hugo kaufte sich wieder ein altes Akkordeon und Onkel Julius eine gebrauchte Geige.

Wir gaben uns als KdF-Bühne aus Südtirol aus. KdF hieß „Kraft durch Freude“. Die Organisation sollte unter anderem das deutsche Militär unterhalten. Italienisch konnte jeder von uns ein bisschen, mein Bruder sprach es perfekt. Wir spielten für die Wehrmachtssoldaten so gut wir konnten. Sie merkten nicht, dass wir Sinti waren. Am nächsten Tag zogen wir weiter.

Ostern 1944 übernachteten wir in Ruma in einem alten Schloss. Auf der anderen Seite der Donau lag Újvidék, das war schon Ungarn. Novi Sad heißt die Stadt auf Kroatisch, Neusatz auf Deutsch. Auch dort spielten wir als KdF-Bühne. Im Saal saßen SS-Leute in der ersten Reihe. Sie bemerkten nicht, dass wir Sinti waren, aber wir hatten trotzdem große Angst. Es war alles so ungewiss. Wir haben getanzt, gesungen und Musik gemacht, Onkel Hugo am Klavier und am Akkordeon, meine Mutter hat gesungen: „Dort wo die Wälder grün …“, ein ungarisches Lied. Tante Wally gab Lieder von Schubert und Strauß. „Leise flehen meine Lieder durch die Nacht zu dir“. Und dann haben wir Kosak getanzt.

Am nächsten Tag wurden wir Zeugen, wie eine Gruppe Juden von SS-Männern mit Gewehrkolben getrieben und gestoßen wurden, um sie zu schnellerem Marschieren zu zwingen. Es war ein schlimmer Anblick. Harry und ich bekamen große Angst. Unsere Onkel waren der Meinung, dass wir sofort flüchten müssten. Deshalb sind wir wieder auf die Dörfer gefahren.

An einem größeren Ort hielt uns deutsches Militär an. Ein Offizier fragte meinen Onkel, wer wir seien. Onkel antwortete, dass wir Varieté im Auftrag von KdF spielten. Der Offizier überlegte nicht lange und sagte: „Da kommt ihr zur rechten Zeit. Ihr könnt für uns spielen." Der erste Abend verlief problemlos und gut. Die Soldaten freuten sich. Doch am zweiten Abend, ungefähr fünfzehn Minuten vor Beginn der Vorstellung, hörte mein Vater, der noch an der Kasse saß, einen SS-Mann zu dem Offizier, der uns engagiert hatte, sagen, dass morgen früh die Papiere der Varietétruppe überprüft werden müssten. Papa informierte uns sofort.

Wir spielten, tanzten und sangen mit der Angst im Nacken. Die Soldaten freuten sich und applaudierten. Nach dem Ende der Vorstellumng kletterten wir einer nach dem anderen aus dem hinteren Fenster des Erdgeschosses. Die Soldaten bemerkten nichts. Wir spannten unsere Pferde in der Dunkelheit ganz leise an und fuhren so unauffällig wie möglich davon. Niemand folgte uns –. der liebe Gott war wieder mit uns. Wir waren die ganze Nacht hindurch bis zur Morgendämmerung unterwegs.

Bei den Kosaken

Nach etlichen Kilometern kam eine Ortschaft, an deren Namen ich mich nicht genau erinnere, sie hieß so ähnlich wie Sonja, möglicherweise auch Sanski Most. Dort waren unter der Führung des deutschen Militärs auch Kosaken aus der Ukraine stationiert. Sie hatten gerade ein Fest, ritten auf ihren Pferden und tanzten ihren Kosakentanz. Für uns war es enorm spannend, sie tanzen zu sehen. Onkel Hugo sprach einen deutschen Offizier an, der ohne SS-Zeichen war, und teilte ihm mit, dass wir Varietéartisten der KdF-Bühne seien. Der Deutsche war sehr angetan und sagte: „Wir würden uns freuen, wenn ihr mitspielt."

Schon am nächsten Tag gaben wir eine Vorstellung. Großonkel Josef balancierte die Stühle, meine Mutter und Tante Wally sangen.

Harry, meine Cousine Amanda und ich tanzten unseren Kosakentanz mit einem schnell gespielten Paso Doble. Die Kosaken lobten uns über alle Maßen. Sie meinten sogar, dass wir schneller und besser tanzen würden als sie. Aus Freude schenkten sie uns ihre Russenmützen. Die deutschen Soldaten waren begeistert. Der Offizier bedankte sich sehr bei meinem Onkel. Er hatte keinen Zweifel, dass wir zur KdF-Bühne gehörten.

Nach einigen Tagen kamen wir in Petrinja an. Es war eine kleine Stadt, in der wir ebenfalls als Mitglieder der KdF-Bühne auftraten. Wir waren bei Volksdeutschen untergekommen, die uns aufnahmen und bei sich übernachten ließen. Der Gastgeber war Angler. Mein Vater erzählte ihm, dass auch er gern angele, und fragte ihn, ob er dessen Angel leihen könnte. Er gab sie ihm und auch Würmer dazu. Da wir keine Vorstellung hatten, angelten wir, bis es dunkel wurde.

Der Fluss Kupa lag etwa zwei bis drei Kilometer von der Stadt entfernt. Als wir zurückkehrten, welch ein Schreck: Meine Mutter, mein Bruder und auch unsere anderen Verwandten waren nicht im Haus. Mein Vater fragte sofort unseren volksdeutschen Wirt, ob er wisse, wo sie seien. Er antwortete, dass die SS sie festgenommen und in einem Lastwagen zum Bahnhof gebracht habe. Wir eilten unverzüglich zum Bahnhof. Mein Vater erkundigte sich bei dem Bahnhofsvorsteher: „Wohin haben sie die Artisten gefahren?" „Ins Reiche", antwortete er in seinem Dialekt. „Spielen sie dort?", fragte mein Vater naiv. „Nein! Sie werden nie mehr spielen", erwiderte er, „Sie wurden in einen Viehwaggon gesperrt und nach Deutschland geschickt."

Mir lief es eiskalt über den Rücken. Ich konnte meine Tränen nicht mehr zurückhalten. Vater drückte meine Hand. Ich dachte, dass man jetzt unsere ganze Familie ins Konzentrationslager bringen und ich meine Mutter und meinen Bruder nie mehr wiedersehen würde. Vater sagte zu dem Bahnbeamten, dass er morgen wiederkäme. Wir machten uns auf den Weg und liefen stundenlang durch die dunkle Nacht. Schließlich sahen wir vor uns ein Dorf und versteckten uns in einer Scheune am Ortseingang. Es waren Schüsse zu hören. Die Deutschen und die Partisanen beschossen sich gegenseitig die ganze Nacht.

Früh am Morgen liefen wir durch das Dorf und sahen auf der Straße tote Partisaninnen und Partisanen. Auch Pferde und Schweine lagen leblos am Straßenrand. Es war ein grauenvoller Anblick. Auf dem Rückweg zum Bahnhof kamen wir wieder durch den Ort, in dem die Kosaken gespielt hatten. Ich dachte an meinen Bruder und an meine Cousine, mit denen ich hier noch vor Kurzem getanzt hatte. Ich war traurig und konnte nicht mehr aufhören zu weinen. Meinem Vater ging es nicht anders. Er weinte so sehr, dass sein Taschentuch seine Tränen nicht mehr aufnehmen konnte. Auch er glaubte nicht, dass er meine Mama je wiedersehen würde.

Dann erinnerte sich mein Vater, dass seine beiden Brüder zu ihm gesagt hatten, sie würden sich in der Nähe von Nova Gradiška aufhalten. Vater hatte einen Plan: Er ergatterte eine Eisenbahnermütze, setzte sie auf seinen Kopf, sodass man denken konnte, er sei bei der Bahn angestellt. Heimlich bestiegen wir einen Güterzug und fuhren im Bremserhaus eines Waggons mit. Wer Vater sah, musste denken, dass er Bremser war. Ich duckte mich, und so kamen wir, ohne zu bezahlen, nach Nova Gradiška. Auf der Strecke sahen wir immer wieder an Strommasten aufgehängte Partisanen. Das war jedes Mal ein schrecklicher Anblick.

Einen ganzen Tag lang suchten wir nach meinen Onkeln. Wir hatten Glück und fanden sie. Als sie hörten, dass die SS meine Mutter, meinen Bruder und unsere anderen Verwandten nach Deutschland verschleppt hatte, fingen auch sie an zu weinen. Adolph Richter, der zweite Bruder meines Vaters, erzählte, dass man ihren jüngsten Bruder, den wir „Spergel" nannten, wahrscheinlich auch nach Deutschland gebracht oder bereits erschossen hat. Er war in die Stadt gegangen und nicht zurückgekommen. Wieder so eine schlimme Nachricht! Vater suchte drei Tage lang nach ihm und konnte ihn nicht finden. In diesen drei Tagen war ich nur noch deprimiert. Ich schlief unter einem Baum, konnte aber vor lauter Angst kein Auge schließen und betete, dass meinem Vater nichts passieren möge. Gott sei gedankt, dass er wieder zu mir zurückkam.

Vater beschloss, mit mir zusammen bei seinem Bruder Adolph und seiner Schwester Berta zu bleiben. Sie hatten jeder ein Pferd und einen Leiterwagen. Damit fuhren sie durch die Dörfer. Vater und ich liefen zu Fuß mit. Wir schliefen im Freien unter Bäumen, manchmal auch in einem Kuhstall. Für Essen bin ich von Haus zu Haus betteln gegangen. Meine Tante stellte aus Krepppapier Blumenbuketts in allen Farben her. Damit ging sie zu Bauern und tauschte dafür Brot, Speck, Zwiebeln und Tomaten ein. In den kleinen Dörfern der Gegend sahen wir keine Deutschen. Meine Schuhe waren inwischen kaputtgegangen, ich musste barfuß weiterlaufen. Die Dörfer und auch die einzelnen Höfe lagen in Kroatien weit auseinander. Manchmal mussten wir 30 Kilometer gehen, manchmal auch mehr.

Eine postlagernde Nachricht

Es war Oktober 1944. Ein halbes Jahr schon war ich ohne Mutter und Bruder. Ich musste immer an sie denken, war tieftraurig und konnte meine Tränen nicht unterdrücken. Mein Vater wollte nichts mehr essen, hatte keine Energie mehr und war vollkommen apathisch.

Als wir in eine uns bekannte größere Ortschaft kamen, fiel uns die Poststation ins Auge . Berta sagte zu meinem Vater, er solle doch einmal an den Schalter gehen. „Vielleicht gibt es eine postlagernde Nachricht auf deinem Namen.“ Vater zögerte nicht lange und kam tatsächlich mit einem Brief zurück. Mein Bruder hatte geschrieben, dass sie nach Thesen bei Marburg (Maribor) an der Drau in ein Arbeitslager geschickt worden seien. Sie hatten angegeben, sie seien Artisten und wollten freiwillig arbeiten. Als wir den Brief lasen, wussten wir nicht, ob wir weinen oder vor Freude lachen sollten. Mein Vater beschloss sofort, dass er mit mir zu meiner Mutter und meinem

Bruder nach Marburg fahren würde. Sieben Monate waren vergangen, seit wir sie zuletzt gesehen hatten. Ich betete zu Gott und bat ihn, er möge uns doch wieder zusammenbringen. Vater hatte mir für die lange Strecke noch ein paar gebrauchte Schuhe aus Kunststoff besorgt, über die ich mich riesig freute. Der Abschied von meinem Onkel und meiner Tante fiel uns sehr schwer.

Wir fuhren mit einem Güterzug nach Osijek, Vater als scheinbarer Eisenbahner, und ich duckte mich wieder wie auf der letzten Fahrt. Wir wollten den deutschen Konsul aufsuchen, der aber nicht vor Ort war. Man sagte uns, er sei in Zagreb. Also fuhren wir wieder mit einem Güterzug nach Zagreb. Doch auch hier war er nicht. Als wir fragten, wo er denn sei, erhielten wir die Auskunft, er halte sich in Osijek auf. Wir fuhren wieder zurück. In Osijek hieß es, der Konsul sei in Zagreb. So ging das ein paar Mal. Das Hin- und Herfahren war furchtbar anstrengend, da die Städte fast dreihundert Kilometer auseinanderliegen. Und der Güterzug fuhr sehr langsam. Über eine Woche war schon vergangen, und weder in Zagreb noch in Osijek war ein Konsul. Es war zum Verzweifeln, doch unseren Mut verloren wir nicht. Auf unserer letzten Rückfahrt nach Osijek stiegen wir in einen Personenzug ein. Der Zug war so überfüllt mit deutschen und kroatischen Soldaten, dass sie auf den Trittbrettern mitfahren mussten.

Nach einigen Kilometern sahen wir plötzlich Tiefflieger über uns, die auf den Zug schossen. Alle wollten so schnell wie möglich aus den Waggons, einer fiel über den anderen her. Mein Vater und ich rannten in ein Maisfeld und warfen uns auf den Boden. Die Soldaten taten das auch. Ich dachte, jetzt würden wir sterben müssen. Aber die Kugeln gingen an uns vorbei. Als die Flugzeuge außer Sicht waren, fuhr unser Zug weiter. Überall auf der Strecke sah man tote Partisanen, die die Deutschen an Strommasten aufgehängt hatten. Es war grausam, das zu sehen!

Als wir endlich in Osijek angekommen waren, gingen wir gleich zum Konsul. Diesmal war er glücklicherweise in seinem Büro. Mein

Vater sagte nicht, dass ich sein Sohn sei, sondern behauptete, er habe den Auftrag, mich zu meiner Mutter nach Marburg an der Drau zu bringen. Er bat den Konsul um einen Passierschein. Der Konsul aber lehnte ab: „Den Jungen schicken wir mit dem deutschen Militär nach Marburg, und Sie bleiben hier, um das Land zu verteidigen!"

Zwischen Holzplatten im Güterwaggon

Vater sah mich an und sagte zu dem Konsul, dass er morgen mit mir wiederkommen werde. Das war natürlich gelogen. Wir begaben uns sofort zum Güterbahnhof. Vater nahm mich an der Hand: „Wir müssen heimlich Kroatien verlassen." Am Güterbahnhof standen mehrere Züge. Wir sahen italienische Gefangene, die arbeiten mussten. Vater erkundigte sich bei mehreren deutschen Soldaten, ob vielleicht ein Güterzug nach Marburg a. d. Drau fahren würde. Ein Mann saß da mit vorgebeugtem Kopf und schlief. Als er uns bemerkte, stellte Vater sich vor und fragte freundlich, ob sein Güterzug zufällig nach Marburg a. d. Drau ginge. Der Soldat, der aus Berlin kam, war überrascht und sagte, dass er und sein Kollege tatsächlich einen Waggon mit Holzplatten nach Marburg bringen sollten. „Heute Abend, gegen 24 Uhr, fährt unser Zug ab." Vater gab ihm zu verstehen, dass er mich zu meiner Mutter bringen müsse. Der Konsul sei nicht zu finden, und er würde ihm und seinem Kollegen 4000 Kuna geben, wenn sie uns mitnähmen. Beide zögerten nicht lange und waren einverstanden. Sie bauten uns aus den Holzplatten eine kleine Höhle, die nur etwa zwei Meter lang und einen Meter breit war. Vater gab ihnen das Geld und Tabak zum Rauchen. Was für ein Glück wir hatten, dass der Zufall uns zu den beiden Landsern geführt hatte und dass sie ausgerechnet nach Marburg fuhren! Wir krochen in die für zwei Personen eigentlich viel zu enge Holzhöhle und warteten. Dann war es so weit. Fast genau um 24 Uhr fuhr der Zug über die Donau. Wir beide waren erleichtert und schliefen ein.

Bald darauf erreichten wir Ungarn. Am nächsten Morgen sah ich von der Höhle aus einen Feldgendarmen auf der Plattform zwischen den beiden Waggons. Wieder stieg beklemmende Angst in mir hoch. Wir mussten in unserem Versteck bleiben. Als der Zug hielt, war der Gendarm nicht mehr zu sehen. Der Berliner sagte: „Das war ein Kosake". Er wusste auch zu berichten, dass die Strecke nach Marburg von den Partisanen gesprengt worden war. Wir mussten deshalb durch Ungarn fahren. Mehrere Male hielt der Zug für eine Weile an. Bei einer dieser Gelegenheiten lief ich schnell zu einem Bauern in der Nähe und bettelte. Er gab mir, ohne zu zögern, Brot, Speck und Walnüsse. Wir hoben alles für meine Mutter und meinem Bruder auf. Mein Vater und ich aßen nur Brot und Zwiebeln.

Die Fahrt dauerte über eine Woche. Kurz vor Wiener Neustadt blieb der Zug stehen. Es war November 1944. Wir hatten Angst, unser Versteck verlassen zu müssen. Gegen Mittag hörten wir eine laute Sirene, die Kampfflugzeuge der Alliierten ankündigte. Kurz darauf sahen wir mehrere viermotorige amerikanische Flieger am Himmel, die ihre Bomben auf uns abzuwerfen begannen. Wir spürten den Luftdruck der Bomben. Es blieb uns nichts übrig, als ruhig zu bleiben und zu Gott zu beten. Nach etwa einer Stunde wurde Entwarnung gegeben.

Zwei Tage mussten wir in unserem Versteck zwischen den Holzplatten ausharren. Der Zug fuhr nicht weiter. In der Nähe stand eine Holzhütte, die die Soldaten aufsuchen wollten. Sie forderten uns auf, sie zu begleiten. Ängstlich und durchgefroren krochen wir aus unserem Versteck. In der Hütte stand ein Kachelofen, der uns etwas Wärme abgab. Mehrere Tage vergingen. Der Zug fuhr nicht weiter. Die Soldaten waren nicht unglücklich darüber, weil sie wieder an die Front mussten, sobald sie die Holzplatten abgeliefert hatten.

Schon zwei Wochen lang hausten wir in der Hütte. Ein Rotkreuzwagen war in der Nähe und verteilte Brot und Kakao an Kinder. Ich stellte mich auch an und bekam Weißbrot und einen Becher Kakao. Eine ältere Dame sprach mich an: „Junge, deine Schuhe sind nicht für den Winter geeignet, und der Kunststoff ist kaputt." Sie gab mir 20 Reichsmark. Ich solle mir ein paar warme Schuhe kaufen. Was für ein gutes Herz sie hatte! Ich bedankte mich überschwänglich bei ihr. Aber wir hatten Angst, zur Stadt zu gehen, um Schuhe zu kaufen. Also blieben wir hier, und ich gab die 20 Reichsmark meinem Vater. Es vergingen noch einige Tage. Plötzlich rief mein Vater: „Schnell, der Zug fährt weiter!" Wir rannten und sprangen auf den fahrenden Waggon auf. Welch eine Freude, es ging weiter! Aber wir freuten uns zu früh, denn der Güterzug wurde nur auf ein totes Gleis gefahren. Wir waren enttäuscht und ratlos. Kurz danach hörten wir einen Bremser sagen: „Der Zug nebenan fährt heute Abend weiter." Schnell packten wir unsere paar Sachen zusammen, verabschiedeten uns von den beiden Soldaten und warteten.

Wir sahen, wie Züge aus Kroatien mit Volksdeutschen ankamen. Sie freuten sich und sangen: „Jetzt geht es ins Reiche". Wir wurden auf eine alte Frau in einem der Waggons aufmerksam, die verzweifelt schrie, sie wolle nicht ins „Reiche". Was wir dann sahen, war unfassbar: Die Frau schlitzte sich mit einem Messer den Hals auf. Es war ein entsetzliches Erlebnis.

Unser Zug fuhr einige Stunden später ab. Wir hatten großes Glück, denn nach einigen Minuten konnten wir beobachten, wie der Bahnhof bombardiert wurde. Die Flammen stiegen hell über dem Bahnhof auf. Wieder war Gott war mit uns.

Als wir Wiener Neustadt erreicht hatten, blieb der Zug erneut stehen. Es war noch finster. Vater fragte den Bahnbeamten, warum es nicht weiterging. Der antwortete, er bekomme bald Bescheid. Aber in der Nähe sei eine Baracke, und Vater könne dort nachfragen. Wir liefen zur Baracke. Als wir zur Tür hereinkamen, erschraken wir: Es war die Bahnpolizei. Vater entschuldigte sich für das „Versehen". Rückwärts eilten wir wieder hinaus und liefen zu unserem Zug. Stunden vergingen. Mir war übel, und ich wurde fast ohnmächtig vor Hunger. Der Bahnbeamte gab mir eine Scheibe Brot. Vater sagte zu ihm, dass er mich zu meiner Mutter bringen müsse, ob nicht ein anderer Zug fahren würde.

Der Beamte glaubte, dass mein Vater ein Beauftragter der Bahngesellschaft sei, da er immer noch seine Eisenbahnermütze trug.

Der Beamte fragte: „Haben Sie nur den Jungen?“, „Ja“, antwortete Vater. „Dann können Sie gleich mit diesem Güterzug mitfahren.“ Er zeigte ihn uns. Gott sei Dank, es ging weiter. Kurz vor dem Grazer Bahnhof blieb der Zug erneut stehen. Er durfte nicht einfahren. Wir wurden vertröstet, aber Vater wollte nicht länger warten und sagte: „Wir fahren mit dem Personenzug weiter.“

Marburg war nicht mehr weit. Mit den 20 Reichsmark, von denen ich mir hätte Schuhe kaufen sollen, wollte Vater die Bahnfahrkarten bezahlen. Doch als er am Schalter war, kam plötzlich ein großer SA-Mann mit gelbem Hemd und Hakenkreuz am Ärmel. Er verlangte nach unserem Ausweis. Vater zeigte ihm das Schreiben, den „Propustnica“, den er von einem kroatischen Partisanen bekommen hatte. Der SA-Mann schüttelte den Kopf, da er es nicht lesen konnte, und sagte zu ihm, dass er zur Polizei gehen müsse. Vater erwiderte darauf, dass er den Auftrag habe, mich zu meiner Mutter nach Marburg zu bringen. Er würde jetzt zur Polizei gehen. Als er sich auf den Weg gemacht hatte, wurde der Zug nach Marburg angekündigt – in ein paar Minuten würde er einfahren.

Der SA-Mann schaute mich an. Ich weinte und bat ihn, er solle so gut sein und uns fahren lassen. „Ich habe so große Sehnsucht nach meiner Mama. Bitte lassen Sie uns fahren!“ Vater kam zurück und sagte aufgeregt, dass die Polizei nicht auffindbar sei. Der Zug nach Marburg war inzwischen eingefahren. Der SA-Mann sah mich an und war plötzlich ganz freundlich: „Du gefällst mir, Kleiner. Ich hätte dich gern bei mir.“ Ich bat ihn noch einmal, er solle mich zu meiner Mama lassen. Er überlegte, und schließlich gab er meinem Vater den „Propusnica“ zurück und sagte: „Fahrt zu deiner Mama.“ Mir fiel ein Stein vom Herzen. Ich bedankte mich bei ihm. Vater gelang es gerade noch, mit den 20 Reichsmark für sich und für mich die Fahrkarten zu lösen. Der Zug war vollkommen überfüllt, wir mussten im Gang stehen. Aber wir waren froh, dass es weiterging.

Doch plötzlich – auf der halben Fahrt – tauchten zwei Polizisten und zwei Gestapo-Männer auf. Als wir sie sahen, gingen wir schnell auf die Toilette und versteckten uns. Nachdem sie durchgelaufen waren, traten wir wieder auf den Gang. Es dauerte aber nicht lange, bis sie zurückkamen. Wir schafften es nicht mehr, uns auf der Toilette zu verstecken, weil wir an den vielen Fahrgästen nicht vorbeikamen. Vater drückte mich an sich und flüsterte: „Jetzt haben sie uns." Ich fing an zu weinen, zitterte vor Angst und bekam eine Gänsehaut. Sie waren nur noch wenige Meter von uns entfernt. Doch dann war plötzlich ein ganz lautes Quietschen zu hören, und ein Donner, als wären Tiefflieger über uns. Jemand hatte wohl versehentlich oder absichtlich die Notbremse gezogen. Es entstand ein Gedränge und Geschubse, einer fiel über den anderen. Die meisten Leute glaubten, der Zug werde beschossen. Erst langsam beruhigte sich die Situation. Die Gestapo-Männer und die Polizisten verließen glücklicherweise den Zug und kamen nicht mehr zurück. Der Zug fuhr weiter.

Das Arbeitslager in Marburg

Als wir in Marburg ankamen, fragte mein Vater, wann der Bus nach Thesen abfahren würde. Wir hätten eine halbe Stunde warten müssen, deshalb meinte Vater: „Komm, wir laufen." Er hatte einen schnellen Schritt. Ich kam kaum hinterher, er wurde immer schneller und beruhigte mich: „Wir haben es gleich geschafft." Endlich standen wir vor dem Arbeitslager. Über dem Eingang hing ein großes Bild mit einem Mann, der seinen Zeigefinger auf den Mund hielt, um mitzuteilen, „Psssst, ruhig sein, nichts sagen!" Bevor wir hineingingen, steckte Vater hastig den Passierschein, den er von den Partisanen bekommen hatte, in den Mund und schluckte ihn hinunter. Er hatte Angst, dass man uns für Partisanen halten könnte. Am Tor kam uns ein Lieferwagen entgegen. Er hielt an – und mein Onkel Hugo stieg aus. Welche Freude, meinen Onkel wiederzusehen!

Wir umarmten uns, und er nahm uns zu seiner Baracke mit. Natürlich wollte er gleich wissen, von wo wir gekommen waren und was wir erlebt hatten. Vater berichtete ihm kurz von unseren anstrengenden und gefährlichen Irrfahrten. Dann sahen wir sie alle wieder: zuerst meine Mutter, meinen Bruder, dann die Onkel und Tanten, meine Großeltern. Wir waren überglücklich vor Freude und umarmten uns immer wieder. Mein Bruder sagte, dass er Briefe an verschiedene Orte in Kroatien geschickt habe. Dann erzählte er, wie sie von Petrinja aus nach Thesen gekommen waren: „Ein SS-Offizier, mit Totenkopf auf der Mütze, hatte den Befehl, uns nach Deutschland zu schicken. Sie sperrten uns in einen Viehwaggon. SS-Männer mit Maschinengewehren bewachten uns. Wir waren alle niedergeschlagen und sehr traurig. Als wir in Zagreb ankamen, übergab der deutsche SS-Offizier den Güterzug an einem Bewacher aus Österreich. Der hatte keine SS-Zeichen und auch keinen Totenkopf auf der Mütze. Das war unser Glück. Unsere zwei Tanten gingen zu ihm und baten darum, er solle uns nicht nach Deutschland schicken: ‚Wir sind Artisten und möchten freiwillig arbeiten.' Darauf erwiderte er: ‚Wenn ihr Artisten seid und freiwillig arbeiten wollt, könnt ihr gleich nach Marburg-Thesen. Das ist ein Arbeitslager.'" Der Österreicher war ein freundlicher Mensch. Offenbar hatte er uns nicht als Zigeuner betrachtet.

Vater und ich meldeten uns auch als „freiwillige Artisten". Es war kalt. Mutter sah meine kaputten Kunststoffschuhe. Sie besorgte mir ein paar Lederschuhe und einen gebrauchten Mantel. Ich freute mich sehr darüber. Aber die Hauptsache war, dass ich meine Mama wieder hatte.

Die Arbeit war nicht leicht. Mein Vater, Bruder und Onkel mussten in einem tiefen Stollen arbeiten. Das Wasser stand ihnen oft bis zu den Knien. Mutter musste in der Kälte schwere Eisenstangen tragen und den Fußboden in mehreren Baracken schrubben. Mir trug man auf, Abfälle zusammenzufegen und zu entsorgen. Es war Dezember 1944 und eiskalt. Ohne die Winterschuhe wären meine Füße erfroren.

Acht Monate lang war ich von meiner Mutter getrennt. Sie erzählte, dass sie immer wieder um mich geweint habe. Einer der Aufseher hatte ihr mit dem Gewehrkolben ins Gesicht geschlagen und drohte ihr, sie zu den „Weißkreuzlern“ zu schicken, wenn sie nicht aufhören würde zu schluchzen und die Baracken nicht ordentlich schrubben würde. Mit solchen mitleidlosen Aufsehern hatte sie zu zun. Jetzt, da wir wieder zusammen waren, sagte sie: „Du bist wieder bei mir, alles ist gut.“

In dem Arbeitslager waren auch Kriegsgefangene: Franzosen, Weißrussen und Italiener. Eines Tages hörten wir Sirenen. Kurz darauf tauchten amerikanische Flugzeuge über uns auf. Vater, Mutter, mein Bruder und ich schafften es nicht mehr, uns in Sicherheit zu bringen. Die Flieger warfen Luftbomben ab, die ganz in der Nähe einschlugen. Durch die Druckwelle bekamen wir keine Luft mehr. Es war, als würde uns der Hals zugeschnürt werden. Wir dachten, wir würden ersticken. Doch der liebe Gott wollte, dass wir den Bombenangriff überleben. Es gab danach noch mehrere Fliegerangriffe. Unsere Baracke wurde einmal getroffen und danach wieder repariert. Nachts wurden die Flugzeuge, die über uns flogen, von der deutschen Flak beschossen, die mit Scheinwerfern den Himmel beleuchtete. An diesem Tag sahen wir vier amerikanische Flieger, die Bomben abwarfen. Alle Lagerinsassen hatten panische Angst und rannten zum Bunker. In dem Gedränge wurden Menschen verletzt. Wir sind aber wieder einmal mit heiler Haut davongekommen.

Im Januar 1945 hieß es, dass die russische Armee sich nähere. Mein Vater, mein Bruder und meine Onkel erhielten den Befehl, Panzergräben zu schaufeln. Aber wir bemerkten, dass der Lagerkommandant, die Aufseher und ihre Frauen sich aus dem Staub machten. Es dauerte nicht lange, und wir hatten keine Aufpasser mehr. Dann entschlossen auch wir uns zur Flucht. Im Lager blieben nur noch die Kriegsgefangenen. Mit der Bahn fuhren wir bis in die Nähe von Krems an der Donau. Es war sehr kalt, die Donau war zugefroren. Auf einem Schiff, das im Eis festgefroren war, konnten wir übernachten. Keiner hat uns gesehen. Meine Verwandten versteckten sich auf anderen Schiffen. Am nächsten Morgen liefen wir weiter. Auf der anderen Seite war das Waldviertel. Ein Bauernpaar, das wir um Unterkunft baten, nahm uns auf. Aber nun wurden Vater und ich krank und bekamen hohes Fieber. Es gab keinen Arzt in der Nähe. Wir wurden so schwach, dass wir fast zusammenbrachen. Ich dachte, ich müsste sterben. Das ältere Ehepaar war sehr besorgt um uns und duldete uns noch lange. Mithilfe der Hausmedizin wurden wir allmählich wieder gesund.

Der Winter war sehr streng. Es lag hoher Schnee, und es war sehr kalt. Aber von SS und Gestapo war nichts mehr zu sehen.

Tanz für die Amerikaner

Es war April 1945. Inzwischen waren wir ins Mühlviertel gekommen. Etwa zwei Wochen später rückten die Amerikaner ein. Der Krieg war vorbei! Wir mussten keine Angst mehr haben, wir wurden befreit.

In Grieskirchen durften wir wir für die Amerikaner Varieté spielen. Kostüme hatten wir uns nähen lassen und Tanzschuhe gekauft. Jetzt erst wurde uns richtig bewusst, welches Glück wir hatten, dass wir in all den Nazi-Jahren nicht ins KZ verschleppt wurden. Stattdessen tanzten wir nun für die „Amis". Sie bejubelten uns und schmissen Schokolade und Zigaretten auf die Bühne. Wir spielten auch in Ried für die Amerikaner. Meine Mutter bekam von ihnen Holzschindeln, und wir konnten uns wieder einen kleinen Wohnwagen zimmern lassen. Auch meine Verwandten hatten sich wieder einen Wohnwagen und ein altes Auto zugelegt.

Im Mai 1945 reisten wir von Passau aus nach Straubing. Wir hatten zwei Pferde gekauft, die unseren Wohnwagen zogen. Auch Großonkel Josef war mit Pferden und seinem Wohnwagen unterwegs. In Straubing spielten wir für die amerikanischen Soldaten Varieté in einem Flughafengebäude. Sie waren hell begeistert, als wir ihnen unseren Stepp- und Kosakentanz vorführten, und belohnten uns

Bruder Harry Anfang Mai 1945 beim Stepptanz.

Ebenfalls im Mai 1945: der inzwischen fast zwölfjährige Mirano beim Stepptanz.

Harry (links) mit seiner Tante Dina und Cousine Amanda beim Kosakentanz.

Mirano 1945/46 als Kosakentänzer.

1946: Mirano Cavaljeti mit der Gitarre
und sein Bruder Harry mit dem Akkordeon.

mit Schokolade, Zigaretten und Kaugummi. Nach der Vorstellung luden sie uns zum Essen ein. Es war wie im Märchen, zum ersten Mal Nussbutter zu essen und Coca Cola zu trinken. Wir waren entzückt über das reichliche Mahl. Nie hätte ich geglaubt, dass ich einmal nach diesen schrecklichen Nazi-Jahren für die amerikanischen Soldaten Kosak tanzen würde.

In Straubing trafen wir Donne, die Tochter von Großvaters Halbbruder Hermann Blum. Sie und ihr Mann hatten Auschwitz überlebt, aber ihre Eltern, ihr Bruder und alle kleinen Kinder der Familie waren in der Gaskammer ermordet worden. Von Donne hörten wir zum ersten Mal von den Gaskammern, in denen die Juden und Sinti umgebracht wurden.

Als wir uns wieder auf dem Platz zusammengefunden hatten, auf dem unsere Wohnwagen standen, kam ein großer deutscher junger Mann, der Arbeit suchte, zu Onkel Josef. Er fragte ihn, ob er vielleicht die Pferde versorgen könnte. Mein Onkel überlegte kurz und sagte zu dem jungen Mann: „Du kannst bleiben. Essen und Trinken bekommst du von mir, und schlafen kannst du im Stall. Wenn du damit einverstanden bist, kannst du gleich heute Abend anfangen. Wie heißt du?“ „Egon“, antwortete der junge Mann. Er war einverstanden. Im Juni war es sehr warm. Wir Kinder ritten mit unseren Pferden zum Fluss und ließen sie dort schwimmen. Egon kam mit uns. Als er mit den beiden Pferden im Fluss war, zog er sein Hemd aus, und wir sahen unter seinem Arm das Zeichen der SS. Wir Kinder wunderten uns. Als wir nach Hause kamen, erzählten wir es unseren Eltern. Vater und Onkel Josef sprachen Egon darauf an und fragten, ob er bei der SS gewesen sei. Er sagte traurig: „Ja, aber ich sage euch die Wahrheit, dass ich mit den Verbrechen, die bei den Nazis geschahen, nichts zu tun hatte.“ Er bat uns, ihn nicht anzuzeigen. Mein Onkel und meine Eltern hatten Mitleid mit ihm und meldeten ihn nicht bei den Behörden. Er bedanke sich viele Male.

Egon blieb einige Monate bei uns. Ich hatte mich an ihn gewöhnt. Er war immer freundlich und hilfsbereit. Als wir uns ein Auto anschafften und die Pferde verkaufen mussten, hatten wir keine Arbeit mehr für Egon. Er war sehr enttäuscht und verabschiedete sich mit Tränen in den Augen: „Nun muss ich schauen, dass ich eine andere Arbeit bekomme."

In Regensburg nahm mich mein Bruder ins Stadttheater mit. Ich war 12 Jahre alt und sah zum ersten Mal eine Operette. Es war „Die Csárdásfürstin" von Emmerich Kálmán. Sechzehnmal war ich in der Vorstellung. Ich war begeistert von der Musik. Zu Hause sang ich die Melodien nach. Wenn eine neue Operette gespielt wurde, war ich ganz begierig, die Aufführung zu besuchen. In Regensburg, wo wir im Hinterhof eines Gasthauses Platz für unsere Wohnwagen gefunden hatten, konnten wir mehrmals auftreten.

Dort lernten wir den Operetten-Tenor Dolf Dolz und seine Partnerin Anni Kunze kennen und freundeten uns mit ihnen an. Meine Mutter und Tante Dina luden die beiden zu Kaffee und Kuchen ein. Wir sprachen mit ihnen über Musik und Theater. Sie interessierten sich sehr für unsere Arbeit als Artisten. Das Leben im Wohnwagen war ihnen fremd, aber sie staunten, wie angenehm es sich hier hausen ließ. Tante Dina gab später ihrem letzten Sohn den Namen Dolf, Anni Kunze wurde die Patin des kleinen Dolf.

Den ganzen Winter über blieben wir in Regensburg. Dort trafen wir auch unsere Verwandten aus den Familien Krause/Heilig und Hartmann wieder, die die „Wanderbühne" betrieben. Sie waren 1939 in die Tschechoslowakei geflüchtet und hatten nach vielen schlimmen Erlebnissen überlebt. Die Freude, sie wiederzusehen, war groß.

Schicksale unserer Verwandten

Von einem überlebenden KZ-Häftling erfuhren wir, dass die Brüder und Cousins meines Großvaters mit ihren Familien und noch viele andere Verwandte in Auschwitz ermordet worden sind. Unter ihnen war die erste Frau von Großonkel Julius, eine geborene Rose, ihr

Hermann Blum, der Halbbruder des Großvaters, vor dem Krieg.
Er wurde mit seiner Familie in Auschwitz ermordet.

Der ältere Mann in der Mitte des Bildes mit der Uhrkette ist Onkel Bergmann, ganz rechts am Tisch sitzend mit der Geige, sein Sohn Mendel. Die Familie – insgesamt 47 Personen – wurde in Marija Gorica von den Ustaschas getötet.

In den 1960er-Jahren: Manfred, der Sohn von Mendel, am Grab seiner ermordeten Familienangehörigen in Marija Gorica.

„Spergel", der jüngste Bruder von Mirano Cavaljetis Vater, links neben ihm steht seine Frau „Pupe", die Frau mit dem Kind auf dem Schoß ist ihre Schwester. „Spergel" verschwand in Nova Gradisca, niemand weiß etwas über sein Schicksal. Seine Frau, ebenso wie deren Schwester und das Kind wurden in Marija Gorica getötet.

Rufname war Wirza. Wir mussten erfahren, dass unsere Verwandten Winter, Schmidt und Bergmann-Hartmann, die wir mit ihrem Zirkus in Kroatien getroffen hatten, alle – mitsamt den Kindern – von der kroatischen Ustascha in eine Scheune getrieben und mit Handgranaten getötet worden sind. Bei ihnen war auch die Frau von Vaters Bruder Spergel. Als ihr Mann aus Nova Gradiska nicht zurückkam, fuhr sie mit ihren drei Kindern zur Zirkustruppe ihres Vaters. Sie alle und auch ihr Bruder Mendel wurden kurz vor Kriegsende ermordet.

Einer der Winters – ein Großonkel meines Vaters, wir nannten ihn Peiteli – war an diesem Tag in einem anderen Ort, um Auftritte zu vereinbaren. Am nächsten Tag kam er zurück und sah seine Verwandten, seine ganze Familie und die Kinder tot am Boden liegen. Er war völlig verzweifelt und schrie: „Warum, warum?" Kroaten, die in der Nähe wohnten, berichteten ihm, was vorgefallen war. Als Peiteli uns erzählte, was sich zugetragen hatte, konnten wir kaum noch sprechen. Die Ustascha-Leute hatten seine Familie, alle unsere Verwandten im Ort Marija Goriza bei Zagreb getötet. Wir fanden keine Worte des Trostes.

Mein Bruder brachte mir in Regensburg das ABC bei, und ich lernte aus einer alten Bibel lesen. Eine ältere Ordensschwester unterrichtete mich zusätzlich im Lesen und Schreiben. Mein Bruder, meine Cousine und ich meldeten uns bei einem Tanzlehrer an, der unseren Stepptanz verbessern sollte. Doch als wir vortanzten, meinte er zu uns, er könne uns eigentlich nichts mehr beibringen, da unser Können bereits ausgezeichnet sei. Natürlich freuten wir uns über die Meinung dieses Lehrers.

Harry tauschte sein altes Fahrrad gegen ein gebrauchtes „Hohner"-Akkordeon mit 120 Bässen. Bereits nach einigen Tagen beherrschte er das Instrument. Wenn er nicht zugegen war, nahm ich heimlich das Akkordeon und spielte auch. Als meine Mutter mich dabei hörte, kaufte sie mir ein gebrauchtes Akkordeon „Klingental" mit 80 Bässen. Harry und ich übten mit Begeisterung. Außerdem lernte ich noch Gitarre spielen. Im Stadttheater, wo immer wieder schöne Operetten aufgeführt wurden, beobachteten wir die erfahrenen Künstler. Wir hörten die schönen Melodien aus „Land des Lächelns," „Schwarzwaldmädel", „Gräfin Mariza" und versuchten, sie zu Hause nachzuspielen.

Ende März 1946 fuhren wir nach Schwandorf in der Oberpfalz und spielten Theater und Varieté. Wir blieben für längere Zeit in der Gegend. Im Oktober 1946 gaben wir Vorstellungenr in Weiden und in der Umgebung. Unter anderem traten wir im ehemaligen KZ Flossenbürg auf, wo nun die Amerikaner stationiert waren. Wir zeigten unser Varieté-Programm, für das wir viel Applaus bekamen. Und als wir tanzten, warfen auch sie uns Schokolade und Zigaretten zu. Sie waren ein dankbares Publikum.

In Weiden lebte schon vor dem Krieg der Cousin meines Großvaters Karl Blum, dem wir in Sofia in Bulgarien begegnet waren. Jetzt hatte er sich wieder dort niedergelassen. Er erzählte uns, dass man ihn und seine Familie, ebenso wie den Halbbruder meines Großvaters, Hermann Blum mit Familie, gefangen genommen und nach Auschwitz verschleppt hatte. Karl Blum und seine erwachsenen Söhne überlebten. Sie hatten Glück gehabt, weil sie als Musiker etwas besser behandelt wurden und für die deutsche SS spielen konnten. Sie erzählten, was sie in Auschwitz gesehen hatten, und dass viele unserer Verwandten dort umgebracht wurden. Wir hatten inzwischen bereits einiges über Auschwitz erfahren, waren aber erneut schockiert.

Im März 1947 tourten wir durch Oberfranken und spielten Theater und Varieté, unter anderem auch in Bayreuth. Auf dem Zirkusplatz stellten wir unsere Wohnwagen und Autos ab. Hier trafen wir Sintis, die das KZ Buchenwald überlebt hatten. Sie erzählten uns, was sie im KZ erlebt hatten. Sie wurden geschlagen, mussten hungern, viele wurden getötet. Man kann es nicht in Worte fassen.

Wieder zogen wir weiter. Von Bayreuth aus ging es in die Umgebung von Amberg. In Sulzbach-Rosenberg spielten wir Theater und Varieté. Wir hielten uns mehrere Monate lang in in der Oberpfalz auf und hatten schöne Aufführungen, für die wir viel Betfall vom Publikum bekamen .

Erich, der zweitjüngste Bruder meines Vaters, den wir Jungeli nannten, war schon im Jahr 1938 in das KZ Sachsenhausen bei Oranienburg deportiert worden. Wir sahen ihn 1948 in Nürnberg wieder. Er berichtete uns, wie schlimm es dort war. Die Häftlinge wurden zu Tode gefoltert. Russische Kriegsgefangene wurden erschossen. Später verschleppten die Nazis Erich von Sachsenhausen in das KZ Mauthausen, wo er im Steinbruch arbeiten musste . Die Schufterei dort war besonders hart. Die Häftlinge wurden gezwungen, schwere Steine unzählige Treppenstufen hochzuschleppen. Wenn sie es nicht schafften, wurden sie umgebracht. Als Jungeli von seinen Erlebnissen erzählte, begann er zu zittern. Er war nervlich am Ende und rauchte eine Zigarette nach der anderen.

In Amberg spielten wir oft für die Amerikaner Varieté und Musik. Für die Bewohner der Stadt gaben wir auch zwei Varieté-Vorstellungen. Für den Winter mieteten wir in Amberg in der Schlachthofstraße eine große Halle, die in mehrere Zimmer aufgeteilt war. Jede unserer Familien hatte einen eigenen Wohnbereich. Für unsere Wohnwagen war vor der Halle genug Platz.

Ein deutscher Major auf der Flucht

Eines Abends, als es bereits dunkel war, klopfte es plötzlich an der Tür. Mutter öffnete. Vor ihr stand ein deutscher Major, der um Einlass bat. Er war auf der Flucht vor den Amerikanern, wahrscheinlich kam er aus einem Internierungslager. Meine Eltern hatten Mitleid mit ihm und nahmen ihn auf. Er war groß, und an seiner Uniform konnte man erkennen, dass er Major bei den Kampffliegern gewesen war. Mutter gab ihm etwas zu essen und zu trinken. Er wärmte sich am Ofen, merkte, dass wir Zigeuner waren und sagte: „Ihr seid gute Menschen. Ihr habt mich aufgenommen, mir zu essen und zu trinken gegeben, obwohl man euch so viel Unrecht angetan hat." Dann entschuldigte er sich und versicherte uns, dass er mit den grausamen Dingen, die im KZ geschehen waren, nichts zu tun gehabt habe. Er bedankte sich und schenkte uns koffeinhaltige Schokolade. Am nächsten Tag verließ er uns wieder.

Anfang März 1948 wechselten wir den Platz und zogen mit unseren Wohnwagen nach Nürnberg zum Ruderverein Dutzendteich. Als das Wasser des Dutzendteichs abgelassen wurde, bemerkte ich große, mit Wasser gefüllte Bombentrichter . Ich dachte mir, in diesen Bombentrichtern könnten noch Fische sein. Ich nahm Vaters Angel, hatte vorher eine Fliege gefangen, die ich auf dem Angelhaken befestigte, und angelte damit meinen ersten Fisch. Es war ein großer Barsch. Es gelang mir, noch weitere Barsche zu fangen. Ich zeigte sie meinen Onkel Josef, der mich gleich fragte, woher ich die Fische hatte. „Aus einem Bombentrichter im Dutzendteich", antwortete ich. Er kaufte mir die Barsche ab.

In Nürnberg trafen wir meinen Cousin Roschi wieder, mit dem zusammen ich in Zagreb gebettelt hatte. Sein Großvater Alfred Blum und seine Eltern standen mit ihren Wohnwagen in Waldlust, ganz in unserer Nähe. Ich lud Roschi ein, mit mir mit der Straßenbahn zum Café Corso zu fahren, um die Fische zu verkaufen. Das gelang uns auch. Mit dem Geld kauften wir uns einige Portionen Eis. Als wir mit der Straßenbahn auf dem Rückweg waren, wurde uns beiden plötzlich am ganzen Körper eiskalt. Wir zitterten, und unsere Zähne klapperten vor Kälte. Als zwei ältere Frauen einstiegen, forderte uns der Schaffner auf, aufzustehen und den beiden Frauen die Sitzplätze zu überlassen. Aber uns war so kalt, dass wir gar nicht auf ihn hörten. Darauf ließ er die Straßenbahn anhalten und warf uns beide hinaus, nicht ohne uns hinterherzurufen: „Ihr Zigeuner". Wir schrien zurück: „Nazi". Auf die nächste Straßenbahn hätten wir eine halbe Stunde warten müssen, und so liefen wir – immer noch frierend – zurück zum Ruderverein. Erst in unseren Wohnwagen konnten wir uns wieder aufwärmen. Nach einer halben Stunde wurde uns wieder warm.

Ich sagte zu meinem Cousin: „So schnell esse ich kein Eis mehr, auf alle Fälle nicht mehr so viel."

Wir spielten Theater in der Umgebung von Nürnberg. Unsere Wohnwagen blieben auf dem Gelände des Rudervereins. In der Nähe des Dutzendteichs befand sich ein Tanzcafé mit Garten, in dem jeden Samstag getanzt und musiziert wurde. Mein Bruder war schon öfter dort, und eines Abends nahm er mich mit. Die Musiker spielten Melodien von Glen Miller und Benny Goodman. Wir saßen im Tanzgarten und hörten der Musik zu. Als Damenwahl war, forderte mich ein Mädchen zum Tanzen auf. Ich fühlte mich plötzlich erwachsen. Es war ein schönes Erlebnis, eine junge Frau in meinem Arm zu halten. Neben uns tanzten auch Amerikaner, Soldaten aus Polen und aus Lettland.

An diesen Tag denke ich oft zurück. An unserem Tisch saß ein älterer Herr, der sich mit meinem Bruder über Bleikristalle unterhielt. Er erzählte, dass in Neustadt an der Waldnaab in der Oberpfalz ein Großhandelsgeschäft sei, wo man günstig schönes Service und Bleikristalle kaufen könne. Ich merkte mir den Namen Neustadt in der Oberpfalz.

Wir gingen dann wieder auf Tournee, spielten Schauspiel und Varieté, auch in der Umgebung von Würzburg und Aschaffenburg. Nach jeder Vorstellung bekam ich meinen Lohn. Das Geld gab ich nicht aus und sparte mir auf diese Weise ein schöne Summe zusammen. Unser Quartier hatten wir immer noch im Ruderverein Dutzendteich. Ich hatte vor, mit meinem Geld Bleikristallservice zu kaufen. Am nächsten Tag nahm ich meinen Cousin mit, wir fuhren mit der Eisenbahn über Weiden nach Neustadt. Im Großhandel konnte ich günstig sehr schöne Likörservice, Sektgläser und Karaffen kaufen. Wir fuhren wieder zurück bis nach Weiden und suchten uns bei einer älteren Dame eine Übernachtung.

Am Abend gingen wir beide ins Theater. Es wurde die Operette „Das Land des Lächelns" von Franz Lehár gegeben, ein Gastspiel des Regensburger Stadttheaters. Die Musik und die Sänger waren wunderbar. Am nächsten Morgen fuhren wir mit der Bahn zurück nach Nürnberg. Als meine Mutter mich sah, war sie sehr aufgeregt, stellte mich zur Rede und fragte, wie ich so etwas machen konnte, ohne etwas zu sagen, eine ganze Nacht und einen ganzen Tag wegzubleiben. Sie gab mir zwei Ohrfeigen, umarmte mich dann und weinte. Sie ermahnte mich, dass ich das nie mehr tun solle, es hätte auch etwas passieren können. Auch mein Bruder schnauzte mich an. Nach einer halben Stunde hatte sich meine Mutter beruhigt. Ich zeigte ihr meine Bleikristalle. Ich sagte, sie sollte sich das schönste Likörservice aussuchen. Das tat sie auch, und ihr Ärger war bald verflogen.

In Nürnberg waren viele Amerikaner sationiert. Ich fuhr mit den Bleikristallen zu den Orten, an denen sie sich meist aufhielten. Sie waren begeistert, als sie die Sektgläser und die Karaffen sahen. Geld hatten sie nicht. Sie gaben mir dafür stangenweise Zigaretten: Camel, Chesterfield, Pall Mall und viele Päckchen mit Bohnenkaffee.

Mit der Straßenbahn fuhr ich wieder nach Hause. Meinem Vater gab ich dutzendweise Zigaretten und meiner Mutter mehrere Päckchen Bohnenkaffee. Zu dieser Zeit konnte man keinen Bohnenkaffee bekommen. Auf Lebensmittelkarten gab es nur den kerngesunden Linde's Kornkaffee und Karo Kaffee. Auf dem Schwarzmarkt konnte man für 100 Reichsmark ein Päckchen Ami-Zigaretten kaufen. Ein Stück Butter kostete 100 Reichsmark. Ich nahm den Rest meiner Zigarettenstangen und mehrere Päckchen Bohnenkaffee und fuhr zum Hauptbahnhof nach Nürnberg. Auf dem Schwarzmarkt verkaufte ich meine Zigaretten und den Bohnenkaffee. Es dauerte nicht lange, bis ich mein Geld hatte. Eigentlich war dieser Handel verboten, aber die Polizei merkte nichts. Ich fuhr mit der Straßenbahn wieder zum Ruderverein.

Wir wechselten den Platz und durften unseren Wohnwagen in Nürnberg Gibitzenhof im Hinterhof des Gasthauses „Ritter Eppelein“ abstellen. In der Nähe war eine Schule. Ich hatte Lust, die Schule zu besuchen, und wurde in die sechste Klasse aufgenommen. Zu den

Mitschülern hatte ich ein gutes Verhältnis. Als wir eines Tages Pause hatten, kamen größere Jungs aus der 7. und 8. Klasse und kreisten mich ein. Einer von ihnen packte mich und sagte auf Fränkisch: „Du Zigeiner, du, dass du noch da bist ... was willst du hier?“ Ich sagte zu ihm, er sei ein Nazi, und er solle mich loslassen. Er fing an, mich zu schlagen, und traf ein paar Mal meine Arme, aber an mein Gesicht kam er nicht heran. Wir prügelten uns eine ganze Weile. Ich traf ihn zwei Mal mit meiner Faust auf die Nase, die dann zu bluten anfing. Er ging zurück zu seinen Freunden, die ihm zuriefen: „Otto, versteck dei Nas“. Ich spürte mein Herz klopfen, und mein Atem wurde schwerer. Gott sei Dank, die Pause war zu Ende, und wir wurden hereingerufen. Wegen des Nazijungen wollte ich nicht mehr in der Schule bleiben und meldete mich wieder ab.

Ärger mit der Polizei

Es war Ende April. Der Zirkus Holzmüller spielte in Nürnberg. Mein Cousin Roschi und ich sahen uns eine Vorstellung an. Die Attraktionen haben uns sehr gut gefallen, es wurde spät. Als wir auf dem Nachhauseweg waren, hielten uns zwei Polizisten an und fragten, wie alt wir seien. Ich hatte mich älter gemacht und gab an, dass ich 16 Jahre sei. Das sagte auch mein Cousin. Aber sie glaubten uns nicht. Sie klärten uns auf, dass Sperrstunde sei, Jugendliche dürften sich ab 20 Uhr nicht mehr auf der Straße aufhalten. Wir mussten mit auf die Wache. Einer der Polizisten wollte uns einsperren. Wir bekamen große Angst, mein Cousin fing an zu jammern. Daraufhin kam ein Kommissar, und ich hatte die Idee, ihm vorzuschwindeln, dass wir vom Zirkus sind und mein Vater der Chef des Zirkus Holzmüller sei. Der Kommissar glaubte mir die Geschichte. Er blickte mich an und sagte: „Geht nach Hause – und dass ich euch nicht ein zweites Mal hier sehe!“ So schnell wie möglich machten wir uns davon und fuhren mit der Straßenbahn zu unseren Wohnwagen.

Zwei Wochen später lernten wir zwei Mädels kennen, die in unserem Alter waren. Wir hatten sie eingeladen, mit uns ins Kino zu gehen. Es gab den Film „In Ketten um Kap Horn“ mit Alan Ladd. Der Kontrolleur ließ uns ohne Weiteres rein. Als der Film zu Ende war, gingen wir zum Ausgang, und ich bemerkte links und rechts zwei Polizisten. Damit ich größer wirkte, ging auf Zehenspitzen und mischte ich mich schnell unter die Kinobesucher. So kam ich ohne Probleme an den Polizisten vorbei.

Roschi und die beiden Mädels hatten weniger Glück. Sie wurden von den beiden Polizisten mitgenommen. Ich wartete sehr lange, aber sie kamen nicht zurück. Mit der letzten Straßenbahn fuhr ich nach Hause. Am nächsten Tag erzählte ich meinem Onkel, dass sein Sohn gestern Abend am Kinoausgang von der Polizei festgenommen worden sei. Onkel fuhr zur Hauptwache, und nach etwa einer Stunde kam er mit seinem Sohn zurück. Roschi erzählte, dass man ihn die ganze Nacht in eine Gefängniszelle gesperrt hatte. Ich fragte ihn nach den beiden Mädels. Ein Polizist hatte ihm gesagt, dass sie in eine Erziehungsanstalt gebracht worden seien.

Wir wechselten den Platz von Nürnberg nach Fürth. Ich überlegte, was ich verkaufen könnte, um bei den Amerikanern wieder Zigaretten und Bohnenkaffee einzutauschen. Durch Zufall hörte ich von einer Frau, dass man in Zwiesel bei Cham im Bayerischen Wald handgemachte Klöppeldecken kaufen konnte. Ich erfuhr die Adresse und ließ mir mehrere Klöppeldecken schicken, große für die Tische und auch kleine. Ich packte mehrere Decken ein und fuhr zu den Amerikanern. Als mich ihre Frauen sahen, baten sie mich gleich in ihr Haus und fragten, ob ich wieder etwas Schönes hätte. „Yes“, erwiderte ich, und zeigte ihnen die Klöppeldecken. „Beautiful“, sagten sie, „but we have no money.“ Sie würden mir wieder Zigaretten und Bohnenkaffee dafür geben. Ich willigte ein und bekam viele Stangen Zigaretten und einige Päckchen Bohnenkaffee, von denen ich meinem Vater und meiner Mutter wieder etwas gab. Den Rest verkaufte ich auf dem Schwarzmarkt. Die Polizei bemerkte auch diesmal nichts. Das Geld gab ich meiner Mutter. Dafür erhielt ich fünf Mark Taschengeld.

Im Mai 1948 reisten wir nach Niedersachsen, in die Nähe von Oldenburg, weiter. Wir zeigten dort mehrere Male Schauspiel und Varieté. Auch in der Nähe von Osnabrück hatten wir einige Theater-Aufführungen. Als wir in einem Vorort von Braunschweig spielten, war über Nacht die Reichsmark verfallen. Man konnte dafür nichts mehr bekommen. Es gab plötzlich eine andere Währung, und man gab uns die neue D- Mark. Es war nicht viel, die ganze Bevölkerung bekam wenig, und wir mussten von Neuem beginnen. Zur nächsten Vorstellung kamen nicht mehr so viele Besucher, aber wir waren auch mit weniger Einnahmen zufrieden.

Im Juni 1948 spielten wir wieder in der Umgebung von Nürnberg. Unsere Wohnwagen konnten wir in der Nähe des Nürnberger Zoos in einem großen Garten vor einem Gasthaus abstellen. Wir spielten in Restaurants und Gasthäusern Tanzmusik, auch in Ingolstadt und Umgebung, in Neuburg/Donau, ebenso in Pasing bei München. In der Nähe von Pasing traten wir in einem Tanzcafé bei einer Feier auf. Plötzlich kam der deutsche Boxweltmeister Max Schmeling in den Raum. Als ich ihn sah, war ich völlig überwältigt. Ich hatte ihn mir nicht so groß und auch korpulenter vorgestellt. Nach der Vorstellung setzte er sich zu uns und blieb noch recht lange. Es war ein aufregender Abend für mich.

Bei einer Vorstellung in Pasing merkte ich beim Kosakentanz, dass ich fast keine Luft mehr bekam und sich meine Brust zusammenpresste. Ich konnte nicht mehr weitertanzen und musste einen Facharzt aufsuchen. Er stellte fest, dass ich eine Herzerweiterung hatte. Mein Herz war zu groß. Er gab mir sechserlei Fläschchen mit. Ich musste den ganzen Tag über Herztropfen einnehmen, durfte nur noch liegen und keinesfalls tanzen. Auch Weihnachten musste ich im Bett bleiben. Ich war traurig und betete, dass mein Herz wieder gesund würde. Wochen später ließ ich mich in Fürth von einem Herzspezialisten untersuchen. Mittlerweile war ich ziemlich gewachsen.

Er röntgte mich und meinte, dass mein Herz ganz normal sei und ich keine Herzerweiterung hätte. Offenbar war mein Herz nicht mehr weiter gewachsen, als ich größer wurde. Ich war überglücklich, nun durfte ich wieder tanzen.

Im August zogen wir weiter nach Baden-Württemberg, wir spielten in Heidelberg und Heilbronn. Dann machten wir uns auf den Weg nach Hessen und traten bei Fulda und in Mühlheim bei Offenbach auf. Monatelang gaben wir im hessischen Raum Theater und Varieté-Vorstellungen. Den Winter über blieben wir in Bürgel bei Offenbach. Unserem Platz gegenüber befand sich eine Gaststätte mit einem großen Saal, in dem wir ab und zu unsere Theaterstücke zeigten.

Während der Karnevalszeit 1949 spielten wir in einem hessischen Ort in einem größeren Saal Faschingsmusik und wechselten uns dabei mit anderen Musikern ab. Als sie dran waren, tanzte ich zwei Mal mit einem gleichaltrigen Mädchen. Dann verließ ich mit Roschi den Saal. Plötzlich wurden wir von einem jungen Mann und seinen Freunden verfolgt. Er hielt mich an, beschimpfte mich und schnauzte mich in hessischem Dialekt an: „Du Schischeiner (Zigeuner). Warum hast du mit meinem Mädchen getanzt?" Ich antwortete: „Das ist doch nicht schlimm!" Ich hatte meine Arme verschränkt und sah dabei zu seinen Freunden. Da spürte ich auf einmal einen schmerzhaften Schlag an meiner Schläfe. Ich war total benommen und konnte mich nicht mehr wehren. Ich hielt mich an ihm fest, und er schlug immer wieder auf mich ein. Dabei versuchte ich mein Gesicht zu schützen. Nach ungefähr einer halben Minute wurde mein Kopf wieder klar. Ich riss mich von ihm los und wollte zurückschlagen, aber plötzlich stand mein Vater, den mein Cousin geholt hatte, vor uns. Als der junge Mann ihn sah, versteckte er sich hinter seinen Freunden. Vater sagte zu ihnen, dass es unfair sei, auf einen fünfzehnjährigen Jungen einzuprügeln und sich dann hinter den anderen zu verbergen. Später erfuhr ich, dass der junge Mann 20 Jahre alt und Mitglied einer Fußballmannschaft war. Ich sah ihn nicht wieder.

Im Sommer konnten wir in Stadeln, einem Vorort von Fürth, für viele Jahre ein großes Holzhaus mieten, das wir uns schön einrichteten. Das Haus war gut erhalten und hatte zehn Zimmer. Dort wohnten wir zusammen mit meinen Großeltern, mit Tante Dina und ihrer Familie. Onkel Hugo und Großonkel Julius Pohl blieben in ihren Wohnwagen auf dem großen Grundstück und zogen nur im Winter in Mietwohnungen ein. Onkel Josef kaufte sich ein Einfamilienhaus.

Schon mit 17 Jahren machte ich mit der Genehmigung meines Vaters und eines Vertrauensarztes meinen Führerschein. Im Raum Mittel- und Unterfranken spielten wir weiterhin Theater und Varieté.

Die Entdeckung meiner Stimme

Mein Großonkel Julius bat mich, zu seinem Geburtstag im Jahr 1952 ein Lied zu singen. Ich sagte ihm, dass ich vor Jahren einen Stimmbruch hatte und nicht mehr singen könne. Dennoch meinte er, ich solle es versuchen, als Kind hätte ich immer so schön gesungen. Etwas unsicher stimmte ich zu. Onkel Hugo begleitete mich am Klavier, und ich begann zu singen: „Frag nicht, warum ich gehe" von Robert Stolz. Am Ende war ich selbst überrascht, dass es so gut geklappt hat. Ich hatte eine männliche Tenorstimme bekommen. Alle aus meiner Familie waren sehr angetan. Tante Dina meinte, ich solle zu einem Gesangslehrer gehen, um mich zum Opern- und Operettentenor ausbilden zu lassen. Denselben Rat gaben mir auch fremde Leute, die mich singen hörten. Ich würde es zum Operntenor schaffen.

Dina brachte mich zu einem Gesangslehrer namens Dr. Werner Menke in Nürnberg. Ich sollte ihm das Lied „Dein ist mein ganzes Herz" von Franz Lehár vorsingen. Ich sagte ihm, dass ich nur den Refrain kennen würde. Er meinte, dann eben nur den Refrain. Schon nach kurzer Zeit war er beeindruckt und teilte mir mit, ich hätte eine gute Naturstimme, aus der man etwas machen könne. Meine Freude war riesengroß. Ich bekam bei ihm Gesangsstunden und lernte, wie man richtig atmen, wie man die Stimme richtig führen musste: Man hat drei Register, und die muss man zusammenbringen, dann singt man richtig. Es war nicht leicht, das alles zu lernen. Außerdem brauchte ich Geld, um die Stunden bezahlen zu können.Ich stellte mich bei bei einer Firma vor, die Modenschauen veranstaltete. Als männliches Modell konnte ich meine Gesangsstunden finanzieren.

Den Winter über wohnten wir in unserem Holzhaus, und ich lernte bei Dr. Menke. In den Sommermonaten gingen wir wie immer auf Tournee. Ich sang auf der Bühne das Lied „Granada" auf Spanisch und „Vergissmeinnicht" auf Italienisch. Mit meinem Bruder Harry und meiner Cousine Amanda tanzten wir außerdem Kosak.

Mein Großvater hatte ein Wanderkino gekauft und schenkte es meinem Bruder. Harry lernte schnell, wie man die Kinomaschine bediente. Aus München ließ er sich einige Filme schicken. Unsere erste Vorstellung hatten wir in Stadeln im Saal einer Gaststätte. Es kamen viele Besucher. Wir zeigten einen spannnenden Jägerfilm nach einem Stück von Ludwig Ganghofer. Mit dem Wanderkino tourten wir auch in der Umgebung von Erlangen und im Raum Herzogenaurach. Vor der Vorstellung des Films „Ein Kuss um Mitternacht" mit Mario Lanza gingen wir mit unseren Akkordeons durch die Ortschaft, um musikalisch Werbung für den Film zu machen. Das funktionierte gut. Die Leute kamen zahlreich zur Abendveranstaltung im Gasthaussaal „Zum Adler". In einer anderen Ortschaft boten wir den Film „Drei Fremdenlegionäre" mit Gary Cooper an. Harry war für die Technik zuständig, ich saß an der Kasse. In Stadeln zeigten wir jede Woche einen Film. An den freien Tagen ging ich zum Unterricht bei Dr. Menke.

Leider zog mein Gesangslehrer im Januar 1954 von Nürnberg weg. weil er eine Stellung an der Hochschule in Bad Sachsa im Südharz angenommen hatte. Er wollte, dass ich mit ihm nach Bad Sachsa komme. Ein Zimmer hatte er sogar schon für mich reserviert. Ich war unsicher, ob ich wirklich mitkommen sollte. Mutter, die ich um ihre Meinung fragte, riet mir zu. Sie wollte mich auf der Fahrt begleiten. Als wir mit dem Auto durch Stadeln fuhren, kamen wir an der Gaststätte vorbei, in der mein Bruder und ich die Filme zeigten. An der Fassade hatte Harry Bilder und ein Filmplakat angebracht. Der Anblick machte mich traurig. Ich musste anhalten, und brach in Tränen aus. Es war der Gedanke an die Trennung von Harry. Ich beruhigte mich erst nach einer Weile, und wir setzten die Reise fort.

In Neustadt an der Aisch hatten wir Pech an einer Kreuzung. Ein Lastwagen rammte unser Auto am vorderen Kotflügel. Der Fahrer hielt nicht an und raste einfach davon. Unser Auto, ein Fiat 1400, war neu, wir hatten ihn erst vor drei Monaten gekauft. Wir waren sehr verärgert und mussten für die teure Reparatur aufkommen.

Am späten Nachmittag trafen wir in Bad Sachsa an. Mein Gesangslehrer und seine Frau freuten sich sehr. Er sagte, dass ich für meine Gesangsausbildung nur noch die Monate bis zum Frühjahr brauchen würde. Und in Hannover könnte ich eine Schallplatte aufnehmen. Am nächsten Morgen um 10 Uhr sollte ich bei ihm sein. Er zeigte uns das Zimmer, das er für uns reserviert hatte. Wir verabschiedeten uns, und Mama und ich gingen bald zu Bett. Aber ich konnte nicht einschlafen, weil ich immer daran denken musste, dass ich viele Monate allein sein würde. Mama war auch noch wach. Ich sagte ihr, dass ich meinem Bruder vermisse: „Und wenn du morgen auch noch fortgehst, dann bin ich vollkommen einsam. Das halte ich nicht aus!" Mutter verstand mich gut. Sie meinte, ich solle wieder mit ihr nach Hause fahren. Ich war glücklich über ihre Antwort. Vor Freude konnte ich den nächsten Tag kaum erwarten. Mutter sprach früh am Morgen mit Dr. Menke und erklärte ihm, dass es mir schwerfalle, ohne Bruder und Eltern länger hier zu bleiben. Ich redete auch mit ihm und versuchte, ihm meine Gefühle zu schildern. Er hörte mir zu und zeigte Verständnis. Es sei zwar schade, denn er hätte in ein paar Monaten gerne mit mir eine Schallplatte aufgenommen. Aber er sei mir nicht böse. Ich solle mir einen anderen Gesangslehrer suchen und weiter studieren. Er meinte noch, dass ich es bestimmt zum Operntenor schaffen würde. Dann verabschiedeten wir uns herzlich.

Wir fuhren die 500 Kilometer zurück nach Stadeln. Am Abend waren wir wieder zu Hause. Ich freute mich riesig, als ich meinen Bruder und mein Vater wiedersah. Mit Harry und seinem Wanderkino fuhr ich den Winter über durch die Orte der Umgebung, Wir zeigten die interessantesten Filme, die wir beschaffen konnten. In diesen Wochen fand auf der Burg in Nürnberg ein Jugendsänger-Wettstreit statt. Ich meldete mich sofort an, um teilzunehmen. Natürlich war ich sehr aufgeregt, als ich an der Reihe war. Ich hatte das Lied „Komm in die Gondel, mein Liebchen" aus der Operette „Eine Nacht in Venedig" von Johann Strauss vorbereitet. Überraschenderweise gewann ich den 2. Preis und bekam eine Urkunde.

Unter den Zuschauern war auch der Gesangspädagoge Franz Karl. Er zeigte sich von meiner Stimme sehr angetan und bot mir an, bei ihm Gesangsunterricht zu nehmen. Eines Abends im Dezember bekamen wir zu Hause Besuch von dem Operetten-Regisseur Toni Königsfeld. Er hatte von mir gehört und wollte mich für einen Operettenabend engagieren. Mein Herz fing an zu klopfen. Keine Frage, dass ich sofort annahm. Die Vorstellung fand in Neustadt a. d. Aisch statt. Es war mein erstes Operettenkonzert, das ich gleich im Duett mit einer Sopranistin bestreiten musste. Ich sang mit ihr „Niemand liebt dich so wie ich" aus der Operette „Paganini" von Franz Lehár. Außerdem durfte ich zwei Soli – „Granada" von Agustin Lara auf Spanisch und das Lied „Du bist die Welt für mich", das durch Richard Tauber bekannt wurde – vortragen. Ich bekam dafür 50 DM. Das war nicht viel, aber ich hatte große Freude. Gesangsunterricht nahm ich weiter.

Jeden Samstag und Sonntag musizierten mein Bruder, mein Cousin und ich im Nürnberger Café-Restaurant „Zum Wegemann". In dieser Zeit meldete ich mich auch am Städtischen Konservatorium in Nürnberg zum Vorsingen an. Vor dem Prüfungsausschuss gab ich „Dein ist mein ganzes Herz" von Franz Lehár zum Besten. Die

Kommission war beeindruckt. Eines ihrer Mitglieder meinte, ich sei der geborene Operettentenor. Ich wurde angenommen und kam in die Opernklasse bei Kammersänger Domgraf-Fassbänder.

Ich wurde zum lyrischen Opern- und Operettentenor ausgebildet, bekam Dramatischen Unterricht und lernte bei einem Sprachlehrer Bühnendeutsch. Beim Dirigenten Dr. Wilhelm Schönherr machte ich mich mit den Gesangsnoten vertraut und studierte mit ihm mehrere Opern und Operetten ein.

Mein Onkel Julius wollte in diesem Jahr seinen Geburtstag in einem Tanzcafé in Nürnberg feiern. Er hatte dafür eine Kapelle unter der Leitung von Steff Lindemann engagiert. Nach einigen Stunden wünschte sich mein Onkel ein Lied von mir. Ich sang sein Lieblingslied „Frag nicht, warum ich gehe“ von Robert Stolz. Die Steff-Lindemann-Kapelle begleitete mich. Bei dem einen Lied blieb es natürlich nicht, ich musste noch einige Stücke vortragen. In der Pause kam Steff Lindemann zu mir und fragte, ob ich am Sonntag bei einem Wettsingen mitmachen würde. Meine Stimme hatte ihm offenbar sehr gefallen. Er meinte, ich sollte „den Leuten zeigen“, wie man singt. Natürlich wollte ich gerne mitmachen.

Erster Preis beim Sänger-Wettstreit

Am Sonntag begleiteten mich meine Eltern, mein Bruder und Tante Dina mit ihrer Familie zum Wettbewerb. Bevor ich an der Reihe war, hörte ich die anderen Sängerinnen und Sänger, die ich alle recht gut fand. Dann war es so weit: Ich sang „Granada“ auf Spanisch und „Zwei Märchenaugen“ aus der Operette „Die Zirkusprinzessin“ von Emmerich Kálmán. Mit diesem Lied erhielt ich den ersten Preis – eine große Flasche Sekt. Ich freute mich sehr.

Herr Lindemann schlug mir vor, beim Nürnberger Rundfunk vozusingen. Er meldete mich an und machte gleich einen Termin aus. Drei Tage später sang ich dem Musikchef beim Rundfunk „Dein ist mein ganzes Herz" von Franz Lehár vor. Er applaudierte und sagte, ich sei ein klassischer Tenor mit Belcanto. Es sei schade, dass es in Nürnberg nur Tanzkapellen gebe. „Wer sollte Sie begleiten?" Er gab mir den Rat, auch Schlager zu singen, zum Beispiel „Komm zurück, ich warte auf dich" auf Italienisch. Ich sollte beizeiten wiederkommen, er würde mir weitere Vorschläge machen. Ich antwortete, dass ich über seine Idee, Schlager zu singen, nachdenken würde.

Ich erzählte Herrn Lindemann von dem Gespräch. Er meinte, ich solle auf alle Fälle das Opern- und Operettenfach weiter studieren und eine Karriere als Operntenor anstreben. Würde ich es nicht schaffen, sagte er, könnte ich immer noch Schlagersänger werden. Also studierte ich am Konservatorium weiter. Mein Pädagoge weihte mich immer tiefer in die Gesangstechniken ein. Eines Abends besuchte mich Toni Königsfeld wieder. Er engagierte mich für einen Operettenabend in Erlangen. Es war eine große Freude, vor größerem Publikum noch einmal die schönen Operettenmelodien von Emmerich Kálmán singen zu können. Ich trat zusammen mit einer Sopranistin auf, die eine sehr gute Stimme hatte.

Das Konservatorium besuchte ich nur in den Wintermonaten. Im Frühjahr und Sommer war ich weiter mit meiner Familie unterwegs. Wir spielten Varieté und Theater im Raum Koblenz und in Bad Ems. Onkel Hugo hatte zwei Musikagenten kennengelernt, die ihm erzählten, dass sie den Sänger Vico Torriani berühmt gemacht hätten. Onkel erwähnte, dass sein Neffe eine gute Tenorstimme habe und schon öfters in kleinem Rahmen aufgetreten sei. Daraufhin schlugen sie vor, dass ich ihnen vorsinge solle. Onkel vereinbarte einen Termin. Wir gingen zu den Agenten, und ich sang auf Spanisch „Granada". Sie waren sehr eingenommen von meinem Auftritt und applaudierten laut. Einer der beiden sagte: „Der Junge hat ja eine schönere Stimme als Vico Torriani." Sie wollten mich gleich für einige Wochen auf Tournee nach Südamerika schicken. Wenn ich wieder in Deutschland wäre, würde ich berühmt werden. Ich sollte große Bilder und Plakate von mir machen lassen, die ich aber selbst finanzieren müsste. Allein in Südamerika – das war nichts für mich. Ich ging auf das Angebot nicht weiter ein und sagte ihnen, dass ich versuchen würde, als Operntenor ein Engagement am Stadttheater zu bekommen.

Eine neue Verordnung in Westdeutschland schrieb vor, dass „Landfahrer" nicht mehr mit ihren langen Wohnwagen auf großen Straßen fahren dürften. Daher mussten wir unsere Wohnwagen und die Zugfahrzeuge verkaufen und auf kleinere Autos mit Campinganhängern umsteigen. Wir spielten Theater und Varieté unter anderem in Kaufbeuren im Allgäu und wollten danach für zwei Wochen Urlaub machen. Man ließ uns aber mit fadenscheinigen Begründungen nicht auf den Campingplatz. So fuhren wir weiter nach Memmingen, wo uns das gleiche Schicksal widerfuhr. Der Besitzer des Platzes sagte ganz direkt, dass er keine Zigeuner bei sich haben wolle. Wir durften nur auf Festplätze, wenn wir Theater und Varieté spielten. Solche Erfahrungen mussten wir viele Jahre lang immer wieder machen.

Meine Abschlussprüfung für Oper und Operette legte ich in München vor dem paritätischen Prüfungsausschuss unter dem Vorsitz des Intendanten Hanns Jessen am 10. April 1957 mit Erfolg ab.

Engagement in Linz

Mein erstes Engagement bekam ich 1957 am Landestheater in Linz an der Donau. Kurz bevor ich nach Linz aufbrechen wollte, wurde meine Mutter krank. Sie hatte eine Bauchspeicheldrüsenentzündung und musste ins Krankenhaus. Daraufhin wollte ich nicht mehr nach Linz, sondern bei Mama bleiben. Meine Eltern machten mir jedoch klar, dass ich meinen Vertrag mit dem Theater erfüllen müsste, andernfalls bekäme ich eine hohe Konventionalstrafe. Mit Tränen in den Augen hörte ich auf sie und verabschiedete mich von ihnen. Harry brachte mich mit dem Auto nach Linz. Im Künstlerheim des Theaters erhielt ich ein Zimmer mit Kochnische und einem Bett. Harry half beim Einräumen meiner wenigen Sachen. Solange er da war, blieb ich ruhig.

1950 auf dem Rastplatz während einer Tournee in Hessen.

1951: Rast am Main.

1952: Die Frau von Harry mit ihrem Kind, daneben Mirano im Mantel, dahinter sein Vater Hans (mit Hut) und auf der Zugmaschine die Mutter Luise.

Im Café Wegemann, Nürnberg 1955/56. Links Mirano mit der Gitarre, in der Mitte sein Cousin Rigo mit dem Bass, rechts Harry mit dem Akkordeon.

Tante Dina („Tendelie") mit ihrem Mann Paul („Freundeli"), 1950er-Jahre.

1957: Mirano Cavaljeti vor dem Wohnwagen seiner Eltern. Das war die Zeit seines ersten Engagements in Linz.

Alfred Blum, Halbbruder von Mirano Cavaljetis Großvater und Großvater von Roschi.

Großonkel Josef („Zinzeli") in den 1950er-Jahren.

Mirano Cavaljeti und seine Schwägerin, 1958 in der KZ-Gedenkstätte Mauthausen.

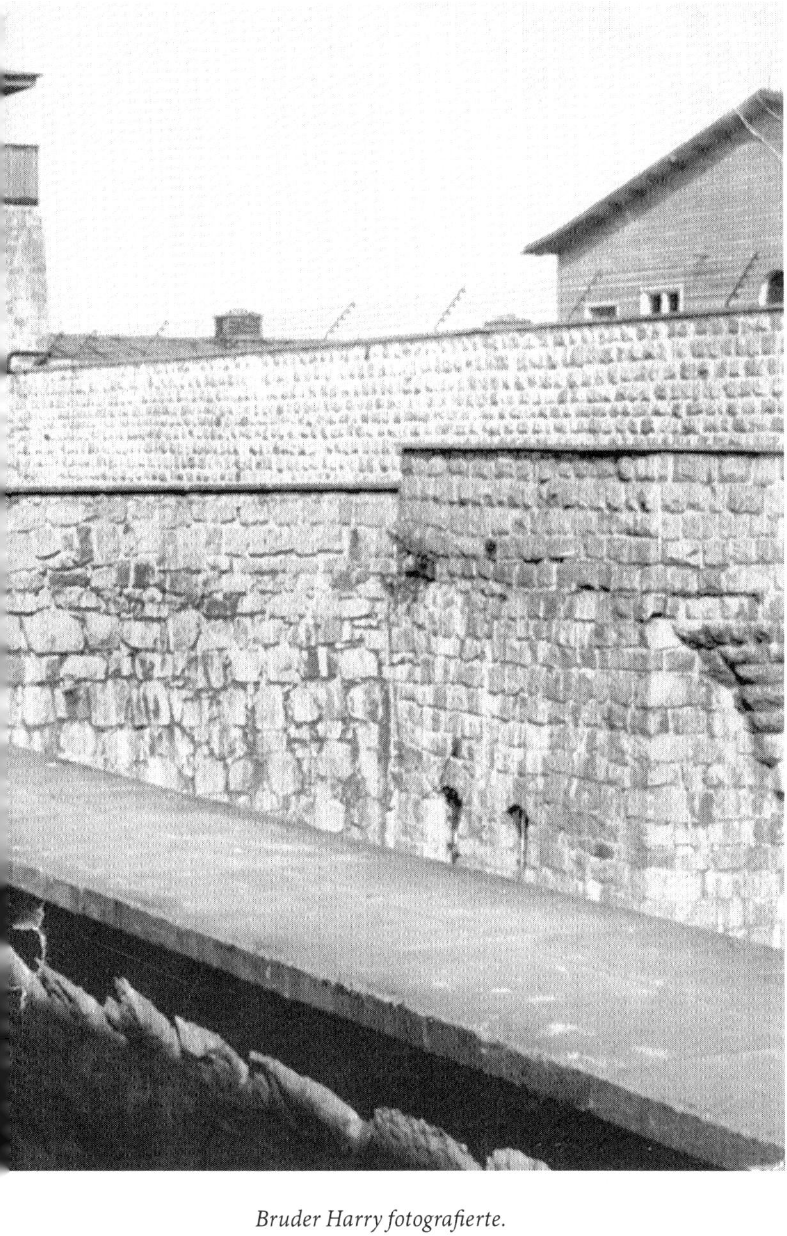

Bruder Harry fotografierte.

Mirano Cavaljeti 1959.

Karl Blum in der Mitte mit der Zither, seine drei Söhne: Walter (Akkordeon), „Pepi“ (Zither) und „Zwiebel“ (Baß), mit der Gitarre sein Neffe „Hafelie“.

„Die Autos waren früher schöner“: Mirano Cavaljeti (Mitte), links neben ihm sein Cousin Rigo und rechts sein Onkel Adolph („Adel“).

Mirano Cavaljetis geschiedene Ehefrau Ramona („Mete“).

Mirano Cavlajetis drei Töchter Kathrin, Valencienne und Angélique.

Geburtstagsparty in den 1990er-Jahren:
Sohn Thomas („Danilo") tanzt mit seiner Cousine Janine.

Als er sich jedoch verabschiedete, holte mich meine Trauer wieder ein. Sehr spät schlief ich an meinem ersten Tag weit weg von meiner Familie ein.

Einige Tage später kam ein Brief. Mein Bruder schrieb mir, dass unsere Mutter aus dem Krankenhaus entlassen wurde und wieder gesund sei. Das war eine große Erleichterung. Voller Freude konnte ich mich nun den Theaterproben widmen.

Am Theater wurde ich zunächst in kleinen Partien eingesetzt. Ich wollte mich weiterbilden und meldete mich am Bruckner-Konservatorium in Linz an. Wenn ich keine Proben hatte, ging ich ins Konservatorium und studierte Opernpartien und Operetten ein.

Als das Stickstoffwerk in Linz ein Opernkonzert veranstaltete, wurde ich als Tenor zusammen mit einer Sopranistin engagiert. Ich sang die Arie „Holde Aida" aus der Oper von Verdi, außerdem mit der Kollegin zwei Duette aus der Oper „Die verkaufte Braut" von Smetana. In der Zeitung stand, dass die Akustik in der Halle nicht gut gewesen sei. Die Sängerin habe man kaum verstehen können. Nur der Tenor, so schrieben sie, habe sich mit seinem starken Organ durchsetzen können und sei bis in die letzten Reihen zu hören gewesen. Ich freute mich, dass ich zum ersten Mal in einer Zeitung erwähnt wurde. Den Bericht besitze ich heute noch.

Am nächsten Tag ging ich in einem Gasthaus essen. Als ich bezahlen wollte, kam der Wirt zu mir und sagte: „Sie sind doch der Sänger, der gestern im Stickstoffwerk gesungen hat. Wie konnten Sie die ‚Holde Aida' singen?." Der Mann schien sehr aufgeregt und wurde laut. Ich bekam Angst und dachte, dass er mich als „Zigeuner" ansprechen und vielleicht schlagen würde. Ich fragte ihn, ob mein Auftritt ihm nicht gefallen habe. „Im Gegenteil", erwiderte er, „es war großartig! Sie haben die Arie so leicht weggesungen, als sei sie nichts gewesen." Ich war erleichtert. Als ich mein Essen bezahlen wollte, sagte der Wirt, dass ich eingeladen sei und und mein Geld wieder einstecken könne. Ich war heilfroh, dass alles gut ausgegangen war.

Bevor ich nach Linz fuhr, hatte meine Mutter mir geraten: „Sag niemandem, dass du ein Sinto bist, denn wir werden immer wieder beschimpft und diskriminiert." Die Kollegen am Linzer Theater fragten mich, ob ich Italiener oder Ungar sei. Ich antwortete dann immer, dass ich aus Südtirol käme. Über die ganzen Jahre hinweg hielt ich an dieser Erklärung fest und glaubte schließlich fast selbst daran.

In Linz wurde ich noch noch für ein zweites Opernkonzert als Tenor zusammen mit einer Sopranistin und einem Bariton engagiert. Ich sang mit dem Bariton das Duett aus der Oper „Die Perlenfischer" von Georges Bizet und mit der Sängerin das Duett aus der Oper „Don Pasquale" von Gaetano Donizetti.

1959 wurde ich an das Theater St. Gallen in der Schweiz verpflichtet. Zuvor hatte ich noch sechs Wochen Urlaub, die ich bei meiner Familie verbrachte. Wir waren wieder zusammen unterwegs, ich stand mit ihnen auf der Bühne, sang „Granada" und tanzte Kosak.

Zu der Zeit war ich schon seit drei Jahren mit Ramona verlobt. Ihre Mutter hatte mich auf sie aufmerksam gemacht. Als ich dann am Theater in St. Gallen verpflichtet wurde, beschlossen wir zu heiraten. Ich war 26, sie 20 Jahre alt. Wir bekamen einen Sohn und drei Töchter: Danilo, Kathrin, Valencienne und Angélique. Mit Kathrin hatten wir viele Jahre lang große Sorgen, denn sie war herzkrank. Ramona musste sich rund um die Uhr um sie kümmern, deshalb lebte Angélique zeitweise bei meiner Mutter und Valencienne bei meiner Schwiegermutter. Als Kathrin sieben Jahre alt war, wurde sie operiert und war später frei von Beschwerden.

In St. Gallen sang ich lyrische und Spieltenor-Partien wie den Grafen Almaviva aus der Oper „Der Barbier von Sevilla" und den lyrischen Tenor Fenton in „Die lustigen Weiber von Windsor". 1960 gab ich in der klassischen Operette „Die lustige Witwe" den Camille de Rossillon. Dies war mein gesanglicher Durchbruch.

Mein Bruder und meine Eltern besuchten mich öfter in St. Gallen. Für mich war es eine große Freude, wenn meine Familie unter den

Zuschauern war. Von meiner Gage kaufte ich mir mein erstes Auto, einen VW Käfer, auf den ich sehr stolz war.

1961 beschlossen meine Eltern und die anderen Mitglieder unserer Varieté-Truppe, mit dem Spielen aufzuhören. Der Verdienst war zu gering und das Leben mit dem ständigen Reisen zu anstrengend. Die Frauen gingen in die Textil-Branche und verkauften Damenkleider und Herren-Anzüge, die Männer handelten mit Autos. Mein Bruder Harry verdiente seinen Lebensunterhalt nun als Schausteller. Er brachte es zu mehreren Fahrgeschäfte und Verkaufsständen.

Für mich folgten Engagements in Koblenz, Aachen, Bremerhaven, Krefeld und Dortmund. Außerdem war ich zu Gast in Münster, Augsburg, Ulm und Hof. Ich gastierte am Staatstheater Wiesbaden, dem Staatstheater Oldenburg und an vielen anderen Orten. Sehr gerne war ich in Bremerhaven. Die Stadt bot ein abwechslungsreiches Leben: die Schiffe, das Columbus Center und das Schiffsmuseum „Seute Deern". Angeln war meine bevorzugte Freizeibeschäftigung. Beim Angeln konnte ich mich vollkommen entspannen. Eigentlich wollte ich länger in Bremerhaven bleiben. Aber meine Stimme litt dort wegen des immerwährenden starken Windes.

Deshalb nahm ich ein Angebot aus Krefeld an, wo ich die Rolle des Adam für die Premiere der Operette „Der Vogelhändler" übernehmen sollte. Es blieben nur drei Tage Zeit, um Text und Gesang einzustudieren. In St. Gallen war ich in der Operette zwar schon einmal aufgetreten, allerdings in der Rolle des Grafen Stanislaus. Ich war mir sicher, dass ich das schaffen würde.

In Krefeld erwarteten mich schon alle Kollegen auf der Bühne. Die Probe klappte gut. Am Abend vor der Vorstellung war ich dennoch sehr aufgeregt und betete im Stillen, dass alles glatt verlaufen und ich keine Fehler machen möge. Als ich auf der Bühne stand und meine ersten Töne sang, war das Lampenfieber wie weggeblasen. Mein Auftritt und die Vorstellung liefen wie am Schnürchen. Die Kollegen standen in der ersten Gasse, hörten meinen Gesang und applaudierten tüchtig.

Am nächsten Tag bekam ich meinen Vertrag – ich war wieder einmal fest engagiert. Für die Vogelhändler-Premiere bekam ich sehr gute Kritiken. In der Zeitung stand, ich sei der „Tausendsassa“ in der Aufführung gewesen. Und das bei etwa hundert Darstellern! Ich war sehr stolz.

Vor der neuen Spielzeit fuhr ich wieder zu meinen Eltern. Danach begab ich mich wieder nach Krefeld – mit meinem neu erworbenen Mercedes. Die neue Saison konnte beginnen.

Später folgten einige Jahre mit sehr interessanten Rollen in Dortmund. 1975 erhielt ich eine Einladung des Stadttheaters Hof an der Saale. Schon seit Langem hatte ich den Wunsch, ein Engagement in Bayern zu bekommen, um näher bei meiner Familie zu sein. Beim Vorstellungstermin sang ich die Arie aus der Oper „La Bohème“ von Puccini „Wie eiskalt ist dies Händchen“. Ich sang mit voller Freude und brachte mein hohes „C“. Darauf wurde ich sofort engagiert. Endlich hatte ich es geschafft! In Stadeln fand ich eine Wohnung für meine Frau und meine Kinder, ganz in der Nähe des Hauses meiner Eltern. Außerdem mietete ich ein möbliertes Zimmer in Hof. Wenn ich keine Vorstellungen oder Proben hatte, konnte ich immer meine Familie besuchen.

Ein Traum wird wahr: das Staatstheater München

Ein Jahr später, im Jahr 1976, wurde mein heimlicher Traum wahr: Ich bekam ein Angebot des Staatstheaters am Gärtnerplatz in München. Unglücklicherweise hatte ich kurz davor schon für Würzburg zugesagt. Doch der dortige Intendant, Herr von Gröling, dem ich meine Situation erklärte, hatte Verständnis: „Mein Gott“, sagte er, „wie hätte ich mich gefreut, endlich einen guten Tenor zu haben, aber wenn Sie nach München können … Die Chance kann ich Ihnen nicht verwehren. Ich gebe Sie frei.“ Ich bedankte mich für seine Freundlichkeit und versprach ihm dafür, eine Vorstellung ohne Gage bei ihm am Theater zu singen. Er nahm mein spontanes Angebot gerne an. In dieser angenehmen Atmosphäre gingen wir auseinander.

Sechs Jahre lang war ich in München am Staatstheater am Gärtnerplatz fest engagiert. In dieser Zeit wohnten meine Frau und ich mit allen vier Kindern zusammen in einer großen Wohnung. Ich übernahm Rollen in den bekanntesten Opern wie zum Beispiel den Pinkerton in „Madame Butterfly" von Puccini, den Tamino in „Die Zauberflöte" von Mozart, den Belmonte in „Die Entführung aus dem Serail", den Chevalier Des Grieux in der Oper „Manon" von Jules Massenet. Außerdem trat ich in den Operetten „Der Zigeunerbaron", „Die Fledermaus", „Die Lustige Witwe", „Das Land des Lächelns", „Csárdásfürstin", „Paganini", „Gräfin Mariza" und „Die Zirkusprinzessin" auf. Zusammen mit den Kessler-Zwillingen sang ich den ersten Bruder in „Die sieben Todsünden der Kleinbürger" von Kurt Weill. Und ich spielte den Jimmy in „Aufstieg und Fall der Stadt Mahagonny" von Brecht und Weill.

Im Januar 1977 veranstaltete das Gärtnerplatz-Theater den Münchner Opernball. Im Frack und mit Zylinder parodierte ich Johannes Heesters und sang „Ein Glück, dass man sich so verlieben kann". Das Publikum glaubte tatsächlich, Johannes Heesters stehe auf der Bühne. So erzählte es mir später mein Bruder, der im Saal gesessen und manche Kommentare gehört hatte. Eine Zeitung schrieb: „Mirano Cavaljeti legt einen Heesters hin, der das Original grün werden ließe vor Neid."

Beim Opernball im Jahr darauf trat Johannes Heesters persönlich auf. Er trug das Lied „Da nehm' ich meine kleine Zigarette" aus der Operette „Der Orlow" von Bruno Granichstaedten vor. Meine Partie war „Gern hab ich die Frau'n geküsst" aus der Operette „Paganini" von Franz Lehár.

Meine Frau und meine älteste Tochter Kathrin sowie mein Bruder mit seiner Frau saßen gemeinsam an einem Tisch mitten unter den prominenten Besuchern. Die Tänzerin und Chansonsängerin Margot Werner sprach mich auf Italienisch an und lobte meinen

Auftritt. Sie glaubte, ich sei Italiener. Mein Bruder kam dazu, und wir führten das Gespräch ganz selbstverständlich auf Italienisch weiter. Auch die „Operettenkönigin" Margit Schramm machte mir Komplimente. Sie hob vor allem mein gestütztes Piano hervor.

Als ich wieder in der Garderobe ging, saß neben mir Johannes Heesters. Ich konnte es kaum glauben. Mit diesem Künstler eine Garderobe zu teilen, war eine große Ehre für mich, zumal er zu meinen Vorbildern gehörte. Er lobte mich für meine Stimme. Ich gab das Kompliment zurück und erzählte ihm, dass meine Frau und ich große Fans von ihm seien und alle seine Filme im Kino gesehen hätten.

In meiner Münchner Zeit bekam ich mehrere Gastspielangebote. Vom Landestheater Innsbruck kam ein Regisseur, der mich für eine Produktion als Mister X in der Operette „Die Zirkusprinzessin" engagieren wollte. Ich hätte gerne angenommen, aber mein Intendant gab mich nicht frei. Das war sehr ärgerlich. Ich sollte auch in einer neuen Inszenierung in Augsburg den Joschi aus der Operette „Zigeunerliebe" von Franz Lehár singen. Aber auch dafür bekam ich nicht frei. Ebenso ging es mir mit dem Angebot, für zwei Wochen auf einem Kreuzfahrtschiff mitzufahren und zu singen. Ich hätte sogar eine Begleitperson mitnehmen können. Für die Fernsehsendung „Die goldene Note" in Ost-Berlin sollte ich zwei italienische Lieder und zwei Operettenarien singen. Ich hatte mich schon sehr darauf gefreut, alles war perfekt arrangiert. Doch auch dieses Mal bewilligte der Intendant meinen Urlaubsschein nicht, weil ich bei einer Probe für die „Banditen" von Jacques Offenbach mitmachen sollte. Kurz vor meinem Auftritt schaute der Intendant auf seine Armbanduhr und sagte, „Mahlzeit!" Er verschwand von der Bühne. Ich war so verärgert, dass ich daraufhin beim Gärtnerplatztheater kündigte. Meine Kollegen verstanden mich nicht: „Wie konntest du München kündigen?" Ich antwortete, dass ich mich sehr über den Intendanten geärgert hätte, weil er mir jedes Mal, wenn ich ein Gastspielangebot bekam, den Urlaub versagte.

Später gastierte ich noch einige Male in München, auch an verschiedenen anderen Opernhäusern: in Wien an der Volksoper, am Staatstheater Hannover, am Staatstheater Nürnberg, am Theater des Westens in Berlin, am Staatstheater Kassel, in Hamburg, Köln, Düsseldorf, Mannheim, Regensburg, Würzburg, Bayreuth, Kaiserslautern, Coburg. Es folgten Gastspiele in Dänemark, Belgien, Holland, in Österreich und Italien. Mit der italienischen Sängerin Milva sang ich in Italien an verschiedenen Theaterhäusern. Ich hatte das Vergnügen, mit weiteren berühmten Sängerinnen wie Margit Schramm, Anneliese Rothenberger, Hedi Klug, Anny Schlemm, Maria Tiboldi, Grit van Jüten, Tamara Lund auftreten zu dürfen. Auch stand ich mit Johannes Heesters, Rudolf Schock, Günter George, Cesare Curzi, Ivan Rebroff und Anton de Ridder auf der Bühne.

Während meiner langen Laufbahn habe ich an insgesamt 115 Theaterhäusern gesungen. Ich war im Südwestrundfunk Baden-Baden und im Bayerische Fernsehen – hier mit Ausschnitten aus der Oper „Madame Butterfly" – zu hören und zu sehen. Auch im Österreichischen Fernsehen hatte ich etliche Auftritte.

Anfang 1978 löste ich mein Versprechen bei Herrn von Gröling in Würzburg ein. Ohne Gage gab ich eine Vorstellung in der Operette „Clivia". Zu diesem Anlass waren meine Eltern gekommen, um mich wieder einmal auf der Bühne zu sehen. Drei Wochen später starb mein Vater. Zu seiner Beerdigung kamen alle unsere Verwandten. Wir machten zusammen Musik und sangen, um unsere Trauer etwas zu überwinden.

1982 trennte ich mich nach 22 Jahren Ehe von meiner Frau. Sie verstand sich nicht mit meiner Mutter und war zum Beispiel dagegen, dass die Mutter mit uns in den Urlaub fuhr. Das konnte ich nicht akzeptieren. Unsere beiden ältesten Töchter waren bereits verheiratet und ausgezogen. Mein Sohn Danilo blieb bei mir. Angélique, die Jüngste, lebte zu der Zeit bei meiner Mutter. Leider verstarb meine Mutter noch im Jahr der Scheidung. Danach zog auch Angélique zu mir. Im Jahr 2000 starb mein Bruder. Das ging mir sehr zu Herzen. Von ihm hatte ich viel gelernt. Er war klug und immer hilfsbereit.

In den 1990er-Jahren hatte ich noch viele Gastspiele, u.a. in Tecklenburg, in Klagenfurt und in Baden bei Wien. Ich trat bei Konzerten auf und war auf Tourneen unterwegs, die Leo Decker von der Rheinischen Operette organisierte. So sang ich zum Beispiel in der Hamburger ICC-Halle den Prinzen Souhong in der Operette „Das Land des Lächelns". Meine letzten großen Auftritte hatte ich 2001/2002 auf einer Deutschlandtournee. Ich spielte den Herzog von Urbino in der Operette „Eine Nacht in Venedig". Danach sang ich nur noch bei kleineren Veranstaltungen und Feiern. Ich wollte nicht mehr auf der Bühne stehen, es war genug. In den Zeiten zwischen meinen Auftritten handelte ich mit Lederkleidung für Damen und Herren.

Heute lebe ich mit meiner Tochter Angélique in einem kleinen Fachwerkhaus in einem mittelfränkischen Dorf. Sie ist ledig geblieben und kümmert sich um mich, wofür ich ihr sehr dankbar bin. Ich habe vier Kinder, sechs Enkel und vier Urenkel. Meine Familienangehörigen wohnen nicht weit entfernt von mir. Alle sind sehr musikalisch. Mein Enkel Tybor studierte Geige an der Musikhochschule Nürnberg und ist Berufsmusiker. Seine Schwester Isates spielt Klavier und singt, aber nur bei privaten Anlässen. Valenciennes Tochter Stella tanzte und sang schon als Kind. Ihre Schwester Damaris wurde an der Tanzschule Fürth zur Balletttänzerin ausgebildet. Sie tanzt auch einen sehr guten ungarischen Csárdas. Leider brach sie ihr Studium ab, als sie heiratete. Wenn wir bei Familienfeiern zusammenkommen, wird sehr viel musiziert, gesungen und getanzt.

Ich bin rundum glücklich und zufrieden, was nicht viele Menschen von sich behaupten können. Wenn ich zurückdenke an die Zeit im Dritten Reich, an das, was ich als Kind erlebte, so wird mir immer wieder bewusst, dass ich, meine Famile und meine engsten Verwandten wahrhaftig großes Glück hatten. Wir wurden von den Amerikanern befreit. Wir konnten uns wieder frei bewegen. Für mich fing ein aufregendes und erfülltes Leben erst an. Hätte mir 1945 jemand gesagt, dass ich mal Opernsänger werde, hätte ich es nicht geglaubt. Der liebe Gott hat es mit mir sehr gut gemeint.

Doch werde ich niemals die Angst und das Leid der Verfolgung und des Krieges vergessen und immer an die vielen anderen denken, die grausam getötet wurden. Diese Zeit darf sich in Deutschland niemals mehr wiederholen.

Ich wünsche mir, dass es auf der ganzen Welt keinen Krieg, keinen Rassismus und keine Diskriminierung mehr gibt und dass unter den Menschen mehr Toleranz herrscht. Auch wünsche ich mir, dass es unter uns Menschen mehr Nächstenliebe gibt.

Denn vor Gott sind wir alle gleich.

Sankt Gallen: Cavaljeti als Graf Stanislaus
in der Operette „Der Vogelhändler".
Zusammen mit seiner Partnerin, der „Christel von der Post".

St. Gallen 1959:
Als Franz Földessy in der Operette
„Die Försterchristel" von Georg Jarno.

1961 in Koblenz als Prinz Lilo Taro in der Operette „Die Blumen von Hawai“ von Paul Abraham.

Als Gaucho Juan Damigo in der Operette „Clivia“ von Nico Dostal, Koblenz 1961/62.

1962/63 in Koblenz als Fürst von Monterosso in der gleichnamigen Operette von G. Winkler.

1965 in Aachen: Mirano Cavaljeti als Mister X in der Operette „Die Zirkusprinzessin“.

In der Operette „Der Graf von Luxemburg" übernahm Mirano Cavaljeti 1965 in Aachen die Titelrolle von Rudolf Schock. Aus einer Kritik: „Er verfügt nicht nur über die substanzvollen stimmlichen Mittel – der illustre Rudolf Schock zeigte anlässlich seines Aachener Gastspiels keineswegs mehr – er ist auch ein locker und schwungvoll agierender, das Tempo des Abends wesentlich mitbestimmender Darsteller."

In Franz Lehárs Operette „Das Land des Lächelns“ in der Rheinischen Operettenbühne, Düsseldorf. Aus einer Zeitungskritik: „Stimmlicher Glanzpunkt: Tenor Mirano Cavaljeti als Prinz Sou-Chong mit schönem und echt tenoralem Stimmkern erfreuliches Gepräge spielte sympathisch. Seine metallisch strahlende, sichere Höhe und meist tadellose Intonation ließen alle Ungereimtheiten schnell vergessen. Seine Kopfstimme in lyrischen Passagen: wunderbar, seine kirstallinen Spitzentöne: ehrfurchtgebietend.“

1974 in Dortmund:
Als Symon in der Operette „Der Bettelstudent" von Carl Millöcker mit seinem Sekretär.

1974 in Dortmund:
Autogrammkarte von Mirano Cavaljeti als Ernesto in der Oper „Don Pasquale" von Gaetano Donizetti.

Dortmund 1972: die Operette „Polenblut" von Oskar Nedbal. Cavaljeti hier als Graf Baranski mit Gräfin Wanda.

Staatstheater Dortmund 1972: Das Finale in der Operette „Wiener Blut" von Johann Strauß. Im Zentrum des Bildes – Cavaljeti als Graf Zedlau.

1973 als Fenton in der Oper nach Shakespeares „Die lustigen Weiber von Windsor“ in Dortmund. „Mirano Cavaljeti ließ als Fenton aufhorchen“, heißt es in einer Kritik, „sein gut und sicher geführter Tenor ist eine Verheißung.“

PERSONEN:

Die Kurfürstin Marie	Lilo Ehret
Baronin Adelaide, eine Hofdame	Kathrein Mietzner
Baron Weps, kurfürstlicher Wald- und Wildmeister	Werner Dietrich
Graf Stanislaus, dessen Neffe	Alfred Stark
Quendel, Haushofmeister	Lorenz Raspels
Würmchen } Professoren	Winfried Walk
Süffle }	Carl Kaiser
Adam, ein Vogelhändler aus Tirol X	Mirano Cawaljeti a. G.
Die Briefchristel, seine Braut	Ilse Kieper
Schneck, der Dorfschulze	Hans Georg Zollner
Emmerenz, seine Tochter	Ingrid Collet
Jette, Schankmädchen	Hildegard Sachse
Ein Jäger	Bernd Kranz

Ballettsolisten: Ingrid Collet, Elfgard Friedemann, Rolf Händel, Manuel Moreno, Wladimir Bucovac

Pause nach dem 1. Akt

Regieassistenz: Bernd Kranz – Inspizient: Josef Nolden
Souffleuse: Carola Beyer-Wilden – Technische Leitung: Josef Frey – Beleuchtung: Alfons Wiesener – Masken und Haartrachten: Christian Schwedes – Anfertigung der Kostüme: Hanns-Willi Kraemer

Die Dekorationen und Requisiten wurden in eigenen Werkstätten unter der Leitung von Horst Hoffmann hergestellt.

Das Programmheft der Operette „Der Vogelhändler“ mit Mirano Cavaljeti als Gast in Krefeld.

1975 bei einem Gastspiel des Hofer Stadttheaters in Bayreuth: Cavaljeti in der Operette „Paganini" von Franz Lehár in der Rolle des berühmten Geigers. Auf dem Foto mit Anna Elisa.
Der Nordbayrische Kurier schrieb: „Schwarzhaarig, südländisch, kommt er durch sein Aussehen schon dem Bild nahe, das man sich vom ‚Teufelsgeiger' macht. Außerdem ist er ein begabter Sänger, ein strahlender Tenor […] Neben ihm wirkte alles andere, was sonst auf der Bühne stand, recht farblos."
Ebenfalls als Paganini im Theater in Gummersbach riss er die Premieren-Berichterstatterin in der Oberberger Volkszeitung zu einem wahren Begeisterungssturm hin: „Einschmeichelnd zart und betörend sang er sein Rezept, wie man Frauen verführt, ohne sie zu fragen, ‚ob es gestattet ist'. Und selbst die aggressivste Feministin im Parkett hätte es ihm nicht übelnehmen können, als er sich zu der schmelzend gesungenen Macho-Behauptung verstieg: ‚Nimm sie dir, dazu sind sie ja hier.'"

Die Premiere von „Paganini" am Hofer Stadttheater.
Im Zentrum des Bildes Mirano Cavaljeti.

„Gräfin Mariza": Während des Operettensommers 1978 in Bad Ischl wieder als Graf Tassilo, diesmal mit Zsuzsa Domonkos als Gräfin. Der Kritiker lobte seinen „überzeugenden Tenor".

Mirano Cavaljeti 1979 im Stadttheater Klagenfurt:
In der Rolle des Camille de Roussillon
zusammen mit seiner Partnerin Valencienne (Felicitas Marawitz)
in „Die lustige Witwe“ von Franz Lehár.

Als Belmonte in der Oper „Entführung aus dem Serail“ von Wolfgang Amadeus Mozart am Stadttheater Hof. „Mirano Cavaljeti war als Belmonte der edle, warmherzige jugendliche Held; in seinem Wesen von ruhigem Feuer und Empfindsamkeit gleichermaßen verkörperte er gewissermaßen das Liebhaber-Ideal der Werther-Zeit. Seine Arien brachte er mit beseelter Linienführung.“

Die Oper „Madame Butterfly“ von Giacomo Puccini am Stadttheater Hof. Cavaljeti hier als Pinkerton zusammen mit der Titelheldin.

*München 1980: In der Operette „Der Zigeunerbaron“
mit der Sängerin Tamara Lund.*

1993 war Cavaljeti als Gast in Regensburg. Er spielte und sang den Graf Tassilo in der Operette „Die Gräfin Mariza“ von Emmerich Kálman.

1995 gastierte das Theater Hof in der Stadthalle von Bayreuth mit der Operette von Jacques Offenbach „Ritter Blaubart“. In der Titelrolle Mirano Cavaljeti. Aus der Kritik des Nordbayerischen Kurier vom 24. April 1995: „Das lange Duett von Susanne Duncombe-Elliot in der Gruft mit Mirano Cavaljeti, der wohl der beste Tenor des Hofer Ensembles sein dürfte und den Blaubart spielte, war ein musikalisches Erlebnis“.

Auf der Freilichtbühne in Tecklenburg spielte Cavaljeti in der Operette „Die ungarische Hochzeit“ den Grafen Stefan. Auf dem Foto mit seiner Bühnen-Braut Janka. „Tenor Mirano Cavaljeti, unbestrittener Gesangsstar des Abends, hat als Graf Stefan die musikalisch schönsten Partien“, hieß es in einem Premieren-Bericht.

Die letzte große Rolle 2001/2002: Als Herzog von Urbino in der Operette „Eine Nacht in Venedig“ von Johann Strauß

auf einer Deutschlandtournee
durch viele Städte.

Eine besondere Geschichte

Nachwort von Annette Leo

Mirano Cavaljeti, der eigentlich Tenora Mirano Richter heißt, hat nach dem Ende seiner Karriere als Opern- und Operettensänger seine Lebensgeschichte aufgeschrieben. Ein Text ist entstanden, in dem er die Geschehnisse nacheinander aufreiht wie auf einer Perlenschnur. Lakonisch, ohne erklären oder bewerten zu wollen, berichtet er, was ihm und seiner Familie widerfahren ist auf der jahrelangen Flucht vor der Verfolgung durch Italien, Jugoslawien, Rumänien, Ungarn, Bulgarien, wieder Jugoslawien, im Lager Marburg an der Drau und schließlich während der glücklicheren Zeiten in Westdeutschland nach dem Krieg. Wenn ich schreibe „lakonisch", so meine ich damit keinesfalls, dass dieser Text nüchtern oder emotionslos wäre. Es wird darin im Gegenteil geweint, gezittert, gebetet, gelacht, gesungen und der Freude Ausdruck verliehen, wenn es wieder einmal gelungen ist, den Gefahren mit Mut, List und Glück zu entkommen.

In Mirano Cavaljetis Schilderung stehen die „kleinen", eher alltäglichen Gefahren, wenn der Junge etwa beim Betteln in der Stadt nur mithilfe seines Bruders einem aufgebrachten Passanten entwischt, fast gleichberechtigt neben den existenziellen Bedrohungen, die von der SS, der kroatischen Ustascha und auch von den Partisanen für die umherziehende und flüchtende Theater-Familientruppe ausgehen. Und vielleicht gab es solche Unterschiede gar nicht für das Kind, das er damals war. Tatsächlich hatte ich beim Lesen des Textes an vielen Stellen das Gefühl, die Geschehnisse mit den Augen dieses Kindes sehen zu können. Der Junge, der knapp sechs Jahre alt war, als die Flucht begann, und beinahe zwölf, als er sich mit seinen Eltern endlich wieder frei bewegen konnte, muss ein fotografisches Gedächtnis besessen haben. Es hat die Namen der vielen Städte und

Dörfer gespeichert, durch die die Familie während ihrer Odyssee gekommen war – Orte, in denen sie spielten oder nicht spielen durften, in denen sie beraubt wurden, aus denen sie fliehen mussten oder wo sie kurzzeitig eine Zuflucht und hilfreiche Menschen fanden. Das Gedächtnis hat Bilder gespeichert, die auch der erwachsen gewordene Mirano Cavaljeti bis zum heutigen Tag nicht losgeworden ist: die an den Strommasten entlang der Bahnstrecke nach Nova Gradiska erhängten Partisanen, die Leichen der Erschossenen im Wasser der Save und die lange Kolonne der Juden bei Novi Sad, die von der SS vorwärts getrieben wurden.

Neben diesen Bildern des Grauens stehen angenehme Erinnerungen: etwa an eine Begegnung mit ukrainischen Kosaken im Dorf „Sonja", das wahrscheinlich Sanski Most hieß. Die damals mit den Deutschen verbündeten Kosaken schenkten den Kindern, von deren „Kosakentanz" sie begeistert waren, ihre „Russenmützen", die sie zu den Wehrmachtsuniformen trugen. Oder die Erinnerung an die wunderbaren Singstimmen seiner Mutter und ihrer Schwester Wally sowie an einen, wie er schreibt, „märchenhaften" Augenblick im rumänischen Hermannstadt, als das Dach des Kinosaales sich plötzlich öffnete und der nächtliche Sternenhimmel zu sehen war. So seltsam es klingt, ich musste beim Lesen manchmal an ein Märchen denken, genauer gesagt an ein etwas verdrehtes Motiv des Märchens vom „Hans im Glück", wenn der Vater in Italien das Auto gegen Pferde eintauscht, weil sie kein Benzin mehr haben, wenn sie in der übernächsten Gefahrensituation nur die Pferde und zwei Koffer retten können und schließlich – als die Partisanen sie laufen lassen – auch noch ihre letzten Besitztümer loswerden. Doch wieder einmal haben sie es geschafft zu entkommen. „Es war unser Glück", schreibt Mirano Cavaljeti, und „Der liebe Gott war wieder mit uns."

Überhaupt spielt der Glaube an Gott in seinem Bericht eine große Rolle. Mirano hat ein sehr persönliches Verhältnis zu ihm, der stets mit ihm und seiner Familie ist und der den festen Halt bildet in einer Welt, die vor seinen Augen zu zerfallen scheint. Der Junge fühlt sich von ihm beschützt, bei ihm bedankt er sich nach fast jeder überstandenen Gefahr. Und auch der Mirano Cavaljeti der Gegenwart bleibt seinem Gott verpflichtet. Seine Worte sind Ausdruck der tiefen Religiosität, in der nicht nur er und seine Familie, sondern viele Angehörige der Minderheit der Sinti lebten und leben. Aus Enttäuschung über die gleichgültige Haltung der katholischen ebenso wie der evangelischen Kirche angesichts der Verfolgung während der NS-Zeit schlossen sich viele von ihnen nach dem Krieg in freikirchlichen Gemeinden zusammen. Auch Mirano Cavaljeti und seine Tochter Angélique gehören einer solchen Gemeinschaft an. Sie sagen, dass es dort spontaner und emotionaler zugehe als in den Gottesdiensten der großen Kirchen. Jeder, der sich berufen fühlt, könne dort predigen, und gesungen werde auch viel. Die religiöse Gemeinschaft ist wahrscheinlich der einzige Ort außerhalb seiner großen Familie, an dem Mirano offen als Sinto auftritt. An den vielen Opern- und Theaterhäusern, in denen er in den vergangenen Jahrzehnten auf der Bühne stand, galt er stets als Südtiroler. Er habe sich, so sagt er, an den Rat seiner Mutter gehalten, die ihn gewarnt habe, dass sie als „Zigeuner“ auch heute noch Diskriminierungen ausgesetzt seien.

Innerhalb der Gemeinde jedoch fühlt er sich frei. Vielleicht auch deshalb, weil ausgesprochen und unausgesprochen dort das Thema Verfolgung stets präsent ist. Fast alle Sinti und Roma haben eine solche Geschichte in ihrem Erinnerungsgepäck, selbst wenn sie diese Zeit nur aus den Erzählungen oder Andeutungen von Eltern und Großeltern kennen. Meist geht es dabei um Auschwitz. Auschwitz ist der große kollektive Schatten, der bis heute auf den Überlebenden und ihren Nachgeborenen liegt. Um an den Schrecken zu denken, müssen die schmerzhaften Geschehnisse nicht im Einzelnen beschrieben werden. Oft braucht es nur dieses eine Wort, um sich miteinander zu verständigen.

Mirano Cavaljeti und seine Familie erlebten auf ihrer Flucht durch die Länder des Balkans einen anderen Schrecken, der mit einem einzigen Wort nicht erklärbar ist. Sie konnten ihre Erfahrung nicht unausgesprochen mit vielen anderen Leidensgefährten teilen. Jedes Mal, wenn Cavaljeti in den letzten Jahren davon zu erzählen begann – in seiner Gemeinde oder vor seinen Kindern und Enkeln –, musste er viele Worte machen, und vielleicht wurde ihm dadurch erst bewusst, wie wenig bekannt und wie besonders seine Erlebnisse waren. Oft hörte er bei diesen Gelegenheiten die Aufforderung, seine Geschichte schriftlich wiederzugeben. Schließlich setzte er sich hin und schrieb.

Nun liegt uns ein Text vor, der in mehrfacher Hinsicht bemerkenswert ist. Zum einen, weil er zu den seltenen Berichten gehört, die von einem Angehörigen seiner Minderheit selbst verfasst wurden. Die wenigen Sinti, die in der deutschen Nachkriegsgesellschaft überhaupt bereit waren, das eigene Schicksal und das der Familienangehörigen während der NS-Zeit öffentlich zu machen, haben ihre Erinnerungen meist jemandem erzählt, einem Journalisten, einer Schriftstellerin oder einem Historiker, der/die sie aufgeschrieben hat – nach bestem Wissen und Gewissen, aber doch nach seiner/ihrer jeweiligen Vorstellung, wie ein solcher Text aussehen sollte. Mirano Cavaljeti hat seine Geschichte auf seine ganz eigene und berührende Weise in Worte gefasst. Dabei hat er erst nach der Befreiung im Alter von etwa zwölf Jahren begonnen, mithilfe einer alten Bibel lesen zu lernen. Sein Bruder Harry, der vor der Flucht noch einige Jahre zur Schule gehen konnte, half ihm dabei. Später brachte ihm eine Ordensschwester das Schreiben bei. Miranos Versuch, 1948 eine reguläre Schule zu besuchen, scheiterte schon nach kurzer Zeit. Vermutlich war es nicht gerade sinnvoll, den Jungen einfach in eine sechste Klasse zu stecken, er hätte eine individuelle Betreuung gebraucht. In seinem Bericht begründet er den Schulabbruch mit einem Vorkommnis auf dem Schulhof, als ein älterer Schüler ihn als „Zigeuner“ beschimpfte und schlug, was damals offenbar niemanden, weder Lehrer noch Schüler noch Eltern, interessierte.

Der Zauber der Operetten

Bemerkenswert ist die Erzählung auch wegen der überaus erfolgreichen Karriere Mirano Cavaljetis als Opern- und Operettensänger. Seine Großeltern und Eltern, sein Bruder, seine Tanten und Onkel, Cousins und Cousinen waren alle begabte Musiker, Tänzer, Sänger und Schauspieler. Doch Mirano war der erste seiner Familie, der ein regelrechtes Musikstudium absolvierte. Vierzig Jahre lang stand er als gefeierter Tenor auf den großen und kleinen Opernbühnen der Bundesrepublik. Er sang den Pinkerton in der Oper „Madame Butterfly" von Puccini, den Fenton in Shakespeares „Die lustigen Weiber von Windsor" ebenso wie den Prinzen Sou-Chong in Franz Lehárs „Land des Lächelns" und den Grafen Zedlau in „Wiener Blut" von Johann Strauss. Seitdem er 1945 im Regensburger Stadttheater zum ersten Mal (und danach noch sechzehnmal, wie er schreibt) die Operette „Die Csárdásfürstin" gesehen hatte, sei er begeistert gewesen. Der Zauber, den vor allem die Operettenmelodien auf ihn ausübten, ließ ihn sein Leben lang nicht mehr los.

Erstaunen löst Mirano Cavaljetis Text auch aus wegen der völligen Abwesenheit von Klage, Bitterkeit oder gar Hass. Er spiegelt hier die Haltung seiner Eltern und der anderen Verwandten, die trotz ihrer Verfolgungserfahrungen, trotz des Verlustes vieler Angehöriger den Glauben an das Gute im Menschen nicht verloren und ihre Fähigkeit zur spontanen Hilfsbereitschaft selbst für Fremde immer wieder an den Tag legten. Nur so lässt sich ihr Verhalten zu Egon erklären, dem jungen Mann, der sich ihnen 1945 anschloss, sich um die Pferde kümmerte und den sie nicht fortschickten, nachdem sie das Blutgruppenzeichen der SS unter seinem Arm entdeckt hatten. Auch dem aus oder vor dem Internierungslager geflohenen Fliegermajor der Wehrmacht öffneten Miranos Eltern ihre Tür, gaben ihm zu essen und ließen ihn an den warmen Ofen. War es das Mitgefühl mit einem Gejagten, der sich verstecken musste, wie es kurz zuvor ihnen selbst ergangen war? Der Satz, mit dem Mirano sowohl Egon als auch den Major zitiert, dass sie nämlich mit den Verbrechen der Nazis nichts zu tun gehabt hätten, klingt wie die gängige Floskel, mit der viele Deutsche sich nach dem Kriegsende herauszureden versuchten. Doch Mirano und seine Eltern haben diese Erklärung anscheinend akzeptiert. Immerhin entschuldigte sich der Major für das, was ihnen angetan wurde – eine Geste, auf die viele der Überlebenden noch Jahrzehnte nach dem Kriegsende vergeblich gewartet haben.

Im September 2020 – kurz vor dem zweiten Lockdown – besuchte ich Mirano Cavaljeti. Einige Wochen zuvor hatte er mir seinen Erinnerungsbericht geschickt, den ich nicht mehr aus der Hand legen konnte, nachdem ich einmal mit dem Lesen begonnen hatte. Ich war berührt und ergriffen, und ich hatte einige Fragen an ihn.

Als ich in Ansbach aus dem Zug steige, erwartet mich Mirano zusammen mit seiner Tochter Angélique neben seinem großen chromglänzenden Oldtimer. Mirano Cavaljeti ist 87 Jahre alt. Aber das sieht man ihm nicht an. Haar und Bart würde er sich immer noch färben, meinte er, „Man sieht mindestens zehn Jahre jünger aus." Als wir uns gegenüberstehen, kann ich mich selbst davon überzeugen: Ein schlanker Mann in Cordhose und Jackett begrüßt mich temperamentvoll und redet, beinahe ohne abzusetzen, auf mich ein. In fast jeden dritten oder vierten Satz flicht er eine Zeile aus einer bekannten Operettenmelodie ein, mal gesungen, mal rezitiert. Zweifellos fühlt er sich noch immer in der heiteren Welt der „Lustigen Witwe", der „Gräfin Mariza" oder der „Czárdásfürstin" zu Hause. Eine Welt, in der die Geschichten stets ein gutes Ende haben und die bevölkert ist von Prinzen, Fürsten und Grafen, in deren prächtigen Fantasiekostümen er Dutzende Male auf der Bühne gestanden hat. Die unsterblichen Melodien sind für ihn die „wahre", die eigentliche Musik, sagt er und schimpft dann ein bisschen über das „Techno-Zeug", das seiner Meinung nach eher aus Lärm besteht.

Doch das ist nur die eine Seite seines Lebens, die Tagseite. In der Nacht, wenn er nicht schlafen kann, was in letzter Zeit häufig der Fall ist, sitzt er vor dem Fernseher und schaut sich Filme an über das

Dritte Reich und über den Holocaust: Dokumentationen über Hitler, Göring und Himmler, über Kinder in Auschwitz, die Befreiung von Auschwitz, über die Nürnberger Prozesse, die Hitlerjugend, über Leni Riefenstahl, den NS-Kunstraub und den Bombenkrieg. Er stellt mir eine Frage, die ihn seit Langem umtreibt: ob Hitler und Himmler an Gott geglaubt hätten. Seiner Meinung nach sei das ganz und gar ausgeschlossen. „Warum haben sie das getan?“, fragt er, „warum haben sie die Juden und die Sinti und Roma und die Behinderten einfach ermordet?“

Ich versuche mir vorzustellen, wie diese beiden Welten in einer Person zusammenpassen, ob die Kluft zwischen dem Tag-Leben und der Nacht-Existenz ihn nicht täglich/nächtlich zerreißen müsste. Oder ob es sich im Gegenteil um einen Balance-Akt zwischen zwei Polen handelt, von denen der eine jeweils ohne den anderen nicht sein kann und die gemeinsam den Mirano Cavaljeti von heute im Gleichgewicht halten.

Von Anfang an hat er den Text, den er geschrieben hat, „mein Buch“ genannt. Ein Buch sollte es werden, das seine Kinder und Enkel und möglichst viele andere Menschen lesen. „Alles, was in dem Buch steht, ist meine Erinnerung“, sagt er, „ich lebe aus Erinnerungen.“ Wenn er zurück auf sein Leben blickt, findet er es immer noch erstaunlich, was er, „der kleine Zigeunerjunge“, erreicht hat. „Zigeuner“ sagt er, obwohl das mittlerweile als ein Unwort gilt, aber er spricht auch von den „Sinti“ oder den „ Cinti“, wie andere sagen würden. Es gebe hier durchaus verschiedene Auffassungen. Mirano Cavaljeti möchte sich darüber nicht streiten.

„Der liebe Gott hat es mit mir so gut gemeint“, sagt er, „und überhaupt, dass ich jetzt noch lebe in meinem Alter … Ich bin zwar nicht mehr gesund, aber er lässt mich doch noch leben. Das ist so was Großartiges. Jeden Tag die Augen aufzumachen und den Tag kennenzulernen.“

Eine Familie von Komödianten

Mirano Cavaljeti stammt aus einer traditionsreichen Komödianten-Familie. Sein Vater Hans Richter war ein Sohn des legendären Marionettentheater-Direktors Adolph Richter, der eigentlich, wie ich nun erfahre, Meerstein heißen müsste. Doch wegen einer unehelichen Verbindung von wiederum dessen Großvater, einem böhmischen Musiker, mit einem Mädchen namens Richter sei der Name Meerstein nicht weitergegeben worden. Ähnlich verhalte es sich mit der mütterlichen Linie: Sein Ururgroßvater habe Leo Hetzeberger geheißen und sich in Blum umbenannt, dessen Urenkel habe dann „den Blum weggegeben" und sich Franz genannt.

Während ich noch darüber staune, wie viele Generationen zurück in dieser Familie das Wissen um die Vorfahren reicht, entfaltet mein Gesprächspartner vor mir ein verwirrendes Panorama der Pohls, Schmidts, Winters, Meersteins, Blums, Franzens und Bergmann-Hartmanns, von denen er abstammt. Verwirrend nicht nur wegen der schwer überschaubaren verwandtschaftlichen Beziehungen, sondern auch wegen der „Rufnamen", die meist nicht mit den Namen auf der jeweiligen Geburtsurkunde übereinstimmen. Bei manchen Verwandten kennt Mirano nur diese intern benutzten, oftmals sehr bildhaften Namen – wie Perle oder Kolemann – und weiß nicht, wie die Betreffenden „richtig" (wie ich sagen würde) hießen. Einige seiner Familienangehörigen waren nur nach dem Ritus der Sinti verheiratet, weshalb ihre Kinder im bürgerlichen Sinn als „unehelich" galten.

Allesamt waren sie Schauspieler, Musiker, Sänger, Akrobaten oder Marionettenspieler, die meisten von ihnen Sinti, soviel er weiß, und auch die wenigen Nicht-Sinti unter ihnen arbeiteten als Komödianten und führten das gleiche Leben. Seinen Vornamen „Tenora" verdankte er dem Hauptmann Tenora im Drama „Schinderhannes". Seine Mutter soll während ihrer Schwangerschaft eine Aufführung gesehen haben und von dem Darsteller des Hauptmanns so beeindruckt gewesen sein, dass sie ihren Sohn nach der Figur benannte. Mirano sei sein „Rufname“ gewesen. Und am Beginn seiner Laufbahn als Opernsänger habe er dann den Künstlernamen Cavaljeti gewählt.

Seit er denken kann, war er mit seiner Familie im Wohnwagen unterwegs. Zum ersten Mal auf der Bühne stand er schon im Alter von fünf Jahren und sang Couplets mit seinem Vater. „‚Großpapa und Enkelkind‘, ein sehr schönes Lied. Und dann haben wir noch den ‚Schorschel‘ gebracht. Da war ich angezogen mit einem Helm aus der Zeit von früher, vom Ersten Weltkrieg, diese Montur hatte ich an, mit einem Säbel und 'ner Bimmel-Bammel. Dann hab ich gesungen: ‚Ach Schorschel, ach Schorschel, du bist ein feiner Mann. Du hast so'n langen Säbel mit 'ner Bimmel-Bammel dran‘ – und die Leute haben applaudiert.“

Den elterlichen Wohnwagen hat Mirano Cavaljeti 1957 schweren Herzens verlassen, als er sein erstes Engagement als Sänger in Linz antrat. Doch etwas vom Wanderleben hat er auch in seine neue Situation hinübergenommen, wenn er in den folgenden Jahren von Opernhaus zu Stadttheater und wieder zu einem Opernhaus wechselte, wenn er während der vielen Gastspiele im In- und Ausland umherreiste. Dabei ist der Wohnwagen bis heute für ihn ein Sehnsuchtsort geblieben. Dorthin kehrte er während der Theaterferien jeweils für einige Wochen zurück – anfangs, um mit dem Familien-Varieté auf Tournee zu gehen, später zu gemeinsamen Urlaubsfahrten, dann allerdings schon mit dem moderneren Campingwagen. Das kleine Haus, in dem Cavaljeti seit einigen Jahren mit Tochter Angélique lebt, reproduziert für ihn ein wenig die gemütliche Enge von einst.

Als ich ihn nach dem Leben im Wohnwagen frage, gerät Mirano ins Schwärmen. „Wunderbar, wunderbar“, sagt er, „es ist nicht so viel Platz, du brauchst nicht so viel zu putzen, es geht alles schneller, die Decken wurden am Tag gelüftet, abends kamen sie dann wieder rein. Hinten im Wagen waren zwei Betten, je 1,20 m breit für meine

Eltern. Vorne war eine Couch, die wurde ausgezogen oder es wurden zwei Stühle hingestellt und ein Brett drüber und eine Matratze. Da haben der Harry und ich geschlafen. Vorn war ein großer Ofen, eine Kochmaschine, die wurde immer geputzt, die war blitzeblank, so wie hier jetzt meine Küche. Die Sinti sind sehr saubere Leute. Als Zugmaschine hatten wir einen Diesel, einen Amerikaner, der hatte vorne drauf links und rechts die Ersatzreifen. Ganz tolles Auto. Seine Haube war ungefähr zwei Meter lang. Früher haben die Autos sehr viel Chrom gehabt, heute ist das alles Plastik. So schön sind die Autos heute nicht – bloß sie fahren schneller."

Haben sie in der Familie Romanes gesprochen? „Mein Großvater, also die ältere Generation, die haben sehr gut Romanes gesprochen. Wir weniger. Unser Deutsch war schlecht. Aber ich konnte auch berlinern, konnte den schlesischen Dialekt, konnte auch sächseln. In ‚Wiener Blut', da hab ich den Grafen Zettlau gespielt, der ist ja von Sachsen, da hab ich sächsisch gesprochen, und die Münchner haben geklatscht und gelacht." Auf der Musikhochschule habe er dann „bühnendeutsch" gelernt und versucht, sich den „Zigeuner-Ton" abzugewöhnen. Ich frage ihn, was das bedeuten soll – „Zigeuner-Ton". „Ein singender Ton", ruft seine Tochter von hinten, „Wir haben so einen singenden Ton."

Mirano Cavaljeti spricht ein wenig Italienisch und Kroatisch. Das hat er damals als Junge gelernt, als sie in Italien und Kroatien unterwegs waren. Sein Bruder Harry habe beides besser gesprochen als er, meint er, der sei besonders sprachbegabt gewesen. Doch immerhin kann er sich bis heute in diesen Sprachen verständigen. Vor allem auf Italienisch, wegen der zahlreichen Urlaubsaufenthalte dort, vielleicht auch, weil Italienisch bis heute als die Opern-Sprache gilt und weil er sich immer und überall als Italiener präsentiert hat, genauer gesagt, als ein Angehöriger der deutschsprachigen Minderheit in Südtirol:

„Ich war immer Südtiroler. Wenn ich allein war, haben sie es mir geglaubt. Aber sobald sie noch mehrere von unseren Leuten gesehen haben und unsere Sprache gehört haben … kam: ‚Ah! Zigeuner!' Viele haben gesagt, dass sie uns mögen, weil wir so anders sind."

Wieder mischt sich die Tochter aus dem Hintergrund ein: „Während des Hungerstreiks in Dachau hat er von München aus ein Telegramm geschickt. Da hat er sich verraten." Cavaljeti lächelt, das war für ihn ein bewegender Moment, als 1980 viele Sinti – unter ihnen einige seiner Verwandten – in der KZ-Gedenkstätte Dachau mit dieser Aktion die längst überfällige Anerkennung des NS-Völkermords an den Angehörigen der Minderheit erstritten. „Da hab ich zusammen mit meinem Bruder ein Telegramm geschickt: ‚Ich bin auch Sinto. Ich bin hier am Staatstheater am Gärtnerplatz-Theater. Ich stehe euch bei mit meinem moralischen Beistand'." Am folgenden Tag sei er losgefahren und habe die Hungerstreikenden in Dachau besucht und sei dabei einem Kollegen vom Theater und dessen Frau in die Arme gelaufen. „Die Frau rief: ‚Cavaljeti, Sie sind auch hier …?' Ich sag: ‚Ja'. Und sie darauf: ‚Na, ich wünsche euch alle Gute' – euch, sagt sie und hat mir die Hand gegeben – sie meinte: euch Zigeunern. Und so hab ich es auch gelassen."

Wahrscheinlich zum ersten Mal in seinem Leben folgte Mirano Cavaljeti an diesem denkwürdigen Tag in Dachau nicht dem eingeübten Reflex, die eigene Herkunft zu leugnen. Angesichts einer derart selbstbewussten Protestaktion konnte er seinen Schutzschild für einen kurzen Moment sinken lassen. „Aber wir werden immer noch unterdrückt, bis heute", sagt er und fügt hinzu, dass an ihrem jetzigen Wohnort niemand wisse, dass sie Sinti sind.

In seiner persönlichen Zeitrechnung begann die Diskriminierung erst im Jahr 1933. Sicher, es habe vorher schon Sprüche gegeben wie: Nehmt die Wäsche rein, die Zigeuner kommen. „Aber die Leute haben sich gefreut, wenn wir kamen und gespielt haben. Sie waren nicht so ekelhaft zu uns wie im Dritten Reich. Das ist dann alles anders geworden, als der Hitler kam. Auch die Menschen in Deutschland sind anders geworden."

Fluchtpunkt Balkan

Die Familien Richter, Franz, Blum und Pohl, die in dem von Cavaljeti beschriebenen Verwandtschafts-Verbund das Varieté-Theater betrieben (er schreibt von insgesamt sechs Familien, die teils gemeinsam, teils getrennt unterwegs waren), flohen im März 1939, wenige Monate vor Ausbruch des Krieges, über die Grenze nach Italien. Zu dieser Zeit gab es schon etliche Verweise auf eine rassistische Verfolgung, die schlimmer sein würde als die polizeilichen und behördlichen Restriktionen, mit denen sie seit Generationen zu leben gewohnt waren. 1935 wurden die „Nürnberger Gesetze" erlassen, die nicht nur die Juden, sondern ausdrücklich auch die „Zigeuner" zu Bürgern zweiter Klasse erklärten, und die darauf ausgerichtet waren, ihnen ihre Arbeitsmöglichkeiten zu entziehen und sie aus der Gesellschaft auszugrenzen. Das erste kommunale Zwangslager wurde 1936 im Zusammenhang mit der Olympiade in Berlin-Marzahn errichtet. Andere Städte folgten dem Beispiel Berlins. Sie drängten die Wagen der umherreisenden Schausteller, Künstler, Handwerker und Händler aus dem Stadtbild, beraubten sie ihrer Erwerbsmöglichkeit und verpflichteten sie zu schweren, schlecht bezahlten Hilfsarbeiten. Wer sich diesem Zwang entzog und auch ohne Gewerbeschein weiter arbeitete, riskierte die Einweisung in ein Konzentrationslager.

Doch nicht alle Maßnahmen trafen alle gleichermaßen. Die Mitglieder der Familie Blum, deren Geschichte ich vor einigen Jahren aufgeschrieben habe,[1] mussten 1938 das Winterquartier ihres Wandermarionettentheaters in Dresden aufgeben, nachdem ihnen dort die Gewerbegenehmigung und der Aufenthalt verweigert worden waren. Daraufhin fanden sie in Hoyerswerda erneut einen Stellplatz für ihre Wohnwagen und konnten weiterhin ihre Vorstellungen präsentieren, obwohl es ihnen nicht gelang, den geforderten

1 Vgl. Annette Leo, Das Kind auf der Liste. Die Geschichte von Willy Blum und seiner Familie, Berlin (Aufbau) 2017.

„Ariernachweis“ beizubringen. Der aber war die Voraussetzung für eine dauerhafte Mitgliedschaft in der Theaterkammer, ohne die es wiederum keine Arbeitsgenehmigung gab. Familienoberhaupt und Theaterbesitzer Alois Blum konnte lediglich eine „vorläufige Mitgliedschaft“ in der Fachschaft Puppenspiel des Berufsverbandes erwirken. Vermutlich besaß auch Miranos Großvater ein solches provisorisches Dokument – das „Theaterkammerbuch“ –, das er, so schreibt es der Enkel, zusammen mit den „gefälschten Pässen“ an der italienischen Grenze vorzeigte. Aber wenn sie damals am Grenzübergang nicht zufällig die Filmschauspielerin Brigitte Horney getroffen hätten, die sich bei dem Grenzwächter für sie einsetzte, ohne sie zu kennen, wären sie wohl nicht nach Italien gekommen.

Im faschistischen Italien unter Mussolini konnten die aus Deutschland geflohenen Sinti-Familien keine Unterstützung erwarten. 1938 hatten die Behörden damit begonnen, die italienischen Roma über die Grenzen in benachbarte Staaten abzuschieben. Seit 1940 drohte denen, die geblieben oder illegal zurückgekehrt waren, die Internierung. Wir können davon ausgehen, dass Miranos Familie dort zu keinem Zeitpunkt eine Aufenthaltsgenehmigung besaß. Mehr als zwei Jahre lang, bis Mai 1941, gelang es ihnen, unbehelligt in einem italienischen Zirkus aufzutreten. Als sie sich jedoch von ihm trennten und alleine auf Tournee gingen, gerieten sie immer wieder in schwierige Situationen. Die Polizeikontrollen wurden häufiger. Mehrmals mussten sie den jeweiligen Ort Hals über Kopf verlassen. Auch die Haltung der Bevölkerung änderte sich. Als sie eines Morgens in einer kleinen Ortschaft in Oberitalien die Inschrift „Raus hier!“ auf ihrem Wohnwagen lasen, stand kurze Zeit später ein Carabiniere vor der Tür und verlangte die Ausweise. Seine Ankündigung, sie am folgenden Tag zur Polizeistation zu eskortieren, veranlasste die Familie zur schnellen Flucht „über Berg und Tal“ nach Kroatien.

In Kroatien fanden sie indes keine günstigere Situation vor. Das Königreich Jugoslawien war 1941 von deutschen und italienischen

Streitkräften besetzt und in insgesamt zehn Gebiete mit unterschiedlichem Status aufgeteilt worden. Das mit Hitlerdeutschland verbündete, von der faschistischen Ustascha regierte Kroatien erhielt die formale Unabhängigkeit, war jedoch in ein deutsches und ein italienisches Einflussgebiet unterteilt. Ungarn und Bulgarien vereinnahmten die ursprünglich zu Serbien gehörende Südbaranja, die Batschka sowie Teile von Mazedonien, während das restliche Serbien unter deutscher Militärverwaltung stand. Slowenien wurde zwischen Ungarn, Italien und Deutschland aufgeteilt, wobei für die deutsch besetzten Gebiete Kärntens, der Krain und der Untersteiermark die zwangsweise Germanisierung und die Eingliederung in das Großdeutsche Reich vorgesehen war. Über diesen territorialen Flickenteppich bewegten sich Miranos Eltern, Großeltern, Onkel und Tanten von 1942 bis 1944 – mal in kleiner Formation, mal als Großfamilie mit mehreren Wagen. Sie passierten Grenzkontrollen, umgingen Straßensperren, verluden ihre Wagen auf Güterzüge oder schlugen sich über Partisanenwege durch. Manchmal trennten sie sich, verloren sich aus den Augen und kamen doch später wieder zusammen. In anderen Fällen vermerkt Cavaljeti lakonisch: „Wir haben sie nicht wiedergesehen“ oder „Sie kamen nicht nach“. Wohin sie sich auch wandten – bedroht waren sie überall: als Sinti ebenso wie als illegale Flüchtlinge aus Deutschland. Meist gelang es ihnen für einige Zeit, unter dem Radar der staatlichen Kontrollen hindurchzutauchen und gleichzeitig mit ihren Auftritten den Lebensunterhalt zu verdienen, ehe sie wieder die Flucht ergreifen mussten.

In den einzelnen Teilen des zerstückelten Jugoslawien, in Rumänien, Bulgarien und Ungarn galten jeweils unterschiedliche Bedingungen, die zunächst erkundet werden mussten. Ohne Zugang zu Informationen aus Zeitungen und Rundfunk orientierten sie sich an dem, was Schicksalsgefährten und Ortsansässige ihnen erzählten und was sie selbst beobachten konnten. Vor allem vor den Uniformen mussten sie sich in Acht nehmen, wobei die SS-Leute und die Ustaschas die gefährlichsten waren, während italienische Polizisten oder Soldaten der kroatischen Armee manchmal überlistet oder bestochen werden konnten. Es war deshalb überlebenswichtig, dass auch die Kinder lernten, die Embleme und Rangabzeichen auseinanderzuhalten. Als sie von Kroatien in das benachbarte Rumänien auswichen, sahen sie auch dort viele SS-Leute, das gleiche Bild bot sich ihnen in Bulgarien. An der Grenze zur Türkei schließlich mussten sie umkehren und zurück nach Serbien und später Kroatien fahren. Mirano Cavaljeti schreibt, die türkischen Grenzwächter hätten sie angeblich nicht durchgelassen, „weil die Engländer schon in Istanbul gelandet waren". Anhaltspunkte für diese Begründung habe ich allerdings nicht gefunden.

Die autoritären Regimes der mit Nazi-Deutschland verbündeten Staaten und die Gouverneure der von Deutschland besetzten Gebiete betrieben eine nationalistische und rassistische Politik. Ganze Bevölkerungsgruppen wurden aus ihren Heimatregionen vertrieben, in andere Landesteile „umgesiedelt" oder in Arbeitslager im Reich deportiert. Im direkten deutschen Machtbereich exekutierten Wehrmacht, SS und Verwaltung die antisemitische und antiziganistische NS-Politik. In Serbien erließ die Militärregierung zahlreiche Restriktionen gegen Juden und die Roma-Minderheit: Sie mussten gelbe Armbinden mit der Aufschrift „Jude" oder „Zigeuner" tragen, unterlagen Ausgangsbeschränkungen, durften Kinos und Sportplätze nicht mehr betreten, ihre Rundfunkgeräte wurden beschlagnahmt. Nach dem Überfall Deutschlands auf die Sowjetunion nahmen die Anschläge und Sabotageakte der Widerstandsbewegungen zu. Die Handlanger der Besatzer schlugen zurück: Unter den Zehntausenden der oft willkürlich Inhaftierten befanden sich zahlreiche Juden und Roma. Sie starben bei massenhaften Geiselerschießungen zur Vergeltung für Widerstandsaktionen oder kamen in den von der SS errichteten Konzentrationslagern Sajmište bei Belgrad, in Šabac und in Crveni Krst bei Nis ums Leben. Im KZ Sajmište wurden vor allem jüdische Frauen und Kinder in Gaswagen ermordet.

Nazi-Deutschlands langer Arm reichte auch in die Satellitenstaaten und verschärfte spätestens seit 1943 die dortige Verfolgung der Minderheiten. Besonders explosiv entwickelte sich die Lage in Kroatien, wo die Ustascha ihren Machtbereich gewaltsam in ein homogenes nationales Gebilde umzuformen suchte.[2] Ihre Milizen enteigneten und vertrieben Hunderttausende Angehörige der serbischen Minderheit in das von der Wehrmacht besetzte Rumpf-Serbien. Auch Juden und Roma galten als Teil einer antikroatischen Verschwörung. Serben, Juden und Roma wurden in Konzentrationslagern inhaftiert und viele von ihnen brutal ermordet. Seit 1942 wurden jüdische Häftlinge auch an Nazideutschland ausgeliefert und nach Auschwitz verschleppt. Im KZ Jasenovac, dem größten Konzentrationslager auf kroatischem Territorium, starben mindestens 10 000 Roma an Unterernährung und Krankheiten oder sie wurden von den Aufsehern systematisch umgebracht.

In Rumänien, dem Land mit der größten Roma-Minderheit in Südosteuropa, wurden unter der Herrschaft von Diktator Ion Antonescu 1942 etwa 25 000 Roma nach Transnistrien deportiert. Das zum sowjetischen Staatsgebiet gehörende Transnistrien war 1941 von deutschen und rumänischen Truppen okkupiert worden. Fast die Hälfte der dorthin Verschleppten und zur Zwangsarbeit Gepressten starb an Hunger, Kälte und Krankheiten. Bulgarien war zwar ebenso wie seine Nachbarländer mit Deutschland und Italien verbündet, doch Juden und Roma wurden nur aus dem besetzten Mazedonien an die Deutschen ausgeliefert. Im bulgarischen Kernland verhinderte ein breites Bündnis von Politikern und Kirchenvertretern die Massendeportation in die Vernichtungslager.

2 Vgl. Alexander Korb, Im Schatten des Weltkriegs. Massengewalt der Ustaša gegen Serben, Juden und Roma in Kroatien 1941–1945, Hamburg 2013, S. 437 ff.

Zwischen den Fronten

Die flüchtenden Komödianten mussten sich nicht nur vor Ustascha und SS in Acht nehmen, Gefahr drohte auch von den nationalistischen serbischen Tschetniks und den Einheiten der Volksbefreiungsarmee von Tito, die seit 1943 immer größere Teile Jugoslawiens kontrollierten. Als die Familien von der türkischen Grenze zurückkehrten, gelangten sie in der Nähe der kroatischen Stadt Sisak in ein solches Gebiet. Sie wurden von einer Gruppe von Partisanen festgenommen, die ihnen alles raubten, was sie noch besaßen: die Wagen, die Pferde, die Koffer, die Kleidung. Immerhin durften sie schließlich gehen, nachdem sie das Angebot ausgeschlagen hatten, gemeinsam mit ihnen zu kämpfen. In dieser Grauzone zwischen den Fronten der kämpfenden Parteien ließen sich die Männer der Familie einige Tage später auf den Vorschlag eines deutschen Feldwebels ein, ihn und seine Einheit beim Überfall auf den „Partisanenort" zu begleiten. Sie holten sich Pferde und Wagen sowie Stiefel und Kleidung von den bei der Aktion erschossenen Männern und Frauen zurück. Ob es sich bei dem „Partisanenort" um ein Dorf, dessen Bewohner im Verdacht standen, die Partisanen unterstützt zu haben, handelte, oder ob die Soldaten in einer Vergeltungsaktion wahllos unbeteiligte Zivilisten ermordeten, bleibt im Ungewissen. Im offiziellen Sprachgebrauch wurden die von der Wehrmacht und von SS- und Polizeieinheiten begangenen Massaker an der Bevölkerung als „Partisanenbekämpfung" verschleiert.

Mirano Cavaljeti sagt, sein Bruder Harry habe den Anblick der toten Männer und Frauen auf der Dorfstraße nicht mehr vergessen können. Doch sie hätten die Soldaten begleitet, weil sie selbst von den Partisanen mit dem Tod bedroht und ihrer Habe beraubt worden und in großer Not gewesen seien, hätten dringend Schuhe, Kleider und Decken gebraucht, um überleben zu können.

Als ich Cavaljeti frage, ob sie die Partisanen ebenso gefürchtet hätten wie die SS und die Ustascha, widerspricht er: „Die Partisanen waren nicht schlecht, aber sie hatten ja nichts gehabt, die haben keine Schuhe gehabt, keine Stiefel. Die haben ihre Füße bis hier oben hin mit Lumpen eingepackt oder mit Zeitungspapier." Die Partisanen hätten für die Freiheit gekämpft, fügt er hinzu, sie hätten keine Juden umgebracht, auch keine Sinti oder kranken Kinder. „Weil sie nichts hatten, haben sie uns halt alles weggenommen. Das muss man verstehen."

Der kroatische Historiker Daniel Vojak zitiert in einem Aufsatz über die Verfolgung der Roma in Slawonien den Zeitzeugen Krsto Bosanac, der eine Begegnung zwischen seiner Partisaneneinheit und mehreren Roma-Familien schildert. Die Rede ist von etwa vierzig Menschen, verängstigte und hungrige Männer, Frauen und Kinder, die sich vor dem Terror der Ustascha in den Wald geflüchtet hätten. Die Szene weist in einigen Punkten Ähnlichkeit mit der von Cavaljeti beschriebenen Situation auf. Auch scheint sie sich in der gleichen Gegend zugetragen zu haben. Doch Bosanacs Geschichte hat einen anderen Ausgang. Bei ihm folgen die Geflüchteten seiner Aufforderung und schließen sich dem Kampf an. Sollte es sich um die gleiche Begebenheit handeln, deren Wahrnehmung sich mit den Jahrzehnten etwas verschoben hat? Oder sind in der Erinnerung des Zeitzeugen zwei unterschiedliche Episoden zusammengeflossen? Auf alle Fälle ist dieser Text ein Hinweis darauf, dass die Begegnungen zwischen Partisanen und untergetauchten Roma (und Sinti) keine Einzelfälle waren.[3]

In seinem Bericht erwähnt Cavaljeti die Begegnung mit Hermann Blum, Karl Blum und ihren Familien an der türkischen Grenze. Karl Blum, der mit seinen erwachsenen Kindern und Schwiegerkindern ebenfalls ein Wander-Varieté betrieb, war der Cousin von Miranos Großvater Hugo (Beckel), außerdem der Bruder des schon erwähnten Alois Blum. Als sie alle an der türkischen Grenze umkehren mussten, trennten sich ihre Wege. „Hermann Blum, Karl Blum und ihre

3 Danijel Vojak, Stradanje Roma u Slavoniji za vrijeme Drugog Svjetskog Rata, 1941–1945, in: Scrinia Slavonica 19 (2019), S. 217–239.

Familien kamen nicht nach", schreibt Cavaljeti. „Wir wussten nicht, wo sie geblieben waren". Erst 1946, als sie die Blums in deren Heimatort Weiden wieder trafen, erfuhren sie, dass sie damals im mazedonischen Skopje verhaftet und in das serbische Lager Crveni Krst bei Nis verschleppt worden waren. Von dort wurden sie ein halbes Jahr später nach Auschwitz deportiert. Karl Blum und die beiden Söhne Alfred und Siegfried überlebten Auschwitz, Buchenwald, Mittelbau-Dora und Bergen-Belsen. Karls Frau Alma und Siegfrieds Frau Elfriede wurden 1945 in Ravensbrück befreit. Alfreds Frau Franziska und die fünf Enkelkinder starben in Auschwitz.

Dies alles hätte auch Mirano Cavaljetis Familie geschehen können. Nachdem sie vielen gefährlichen Situationen entkommen waren, wurden Miranos Mutter, sein Bruder Harry, Onkel Hugo und Tante Dina, Onkel Josef und Tante Wally sowie deren Kinder im Frühjahr 1944 im kroatischen Petrinja verhaftet. Quasi in letzter Minute sei es ihnen gelungen – so berichteten sie später –, die Deportation nach Auschwitz abzuwenden und stattdessen als „Freiwillige" in ein Arbeitslager geschickt zu werden. Nach der Beschreibung von Cavaljeti könnte es sich dabei um das werkseigene Arbeitserziehungslager der VDM-Luftfahrtwerke in Marburg (Maribor)-Thesen in der von Deutschland okkupierten slowenischen Untersteiermark gehandelt haben. Zusammen mit Kriegsgefangenen und zwangsverpflichteten Slowenen mussten die Männer unterirdische Stollen ausbauen. Die Lebensbedingungen dort waren hart, aber etwas besser als in dem nahe gelegenen Konzentrationslager Sterntal und natürlich nicht zu vergleichen mit Auschwitz. Wie Miranos Mutter ihrem Ehemann und dem Sohn nach dem Wiedersehen erzählte, man habe ihr gedroht, sie von dort zu den „Weißkreuzlern" zu schicken, wenn sie nicht aufhören würde zu weinen. Damit sei, erklärt Mirano Cavaljeti, das Lager Sterntal gemeint, wo Häftlinge mit einem weißen Kreuz auf dem Rücken gekennzeichnet waren.

Es spricht für das unbedingte Zusammengehörigkeitsgefühl innerhalb der Familie, wenn Mirano und sein Vater, die in Petrinja zufällig der Verhaftung entgingen, weil sie an diesem Tag am Fluss angeln waren, eine abenteuerliche und lebensgefährliche Odyssee durch Kroatien und Slowenien unternahmen, um sich schließlich ebenfalls als „Freiwillige" in diesem Lager zu melden. Der Zusammenhalt war das Überlebensprinzip – eingeübt in Jahrhunderten eines Lebens als Außenseiter der Gesellschaft. Er bewährte sich auch in der Folgezeit, als die Lager-Aufseher beim Herannahen der Front flohen und die Familie sich im Januar 1945 – im Niemandsland zwischen der Volksbefreiungsarmee Titos und den Truppen der Alliierten – auf den Weg zurück nach Deutschland machte. Noch immer mussten sie sich verstecken und fanden im österreichischen Waldviertel Unterkunft bei gutherzigen Bauersleuten, die den schwer erkrankten Mirano und seinen Vater gesundpflegten. Im April schließlich, als sie schon ins Mühlviertel weitergezogen waren, kam mit den Amerikanern die Befreiung.

Mirano Cavaljeti schildert eindrucksvoll, wie die Familie sofort wieder in ihr altes Leben zurückfand. Kostüme wurden genäht, Tanzschuhe gekauft, um vor den amerikanischen Soldaten in Bühnenkleidung tanzen und singen zu können. Es gab kein Innehalten, kein Ausruhen nach all den Strapazen. „Wir hielten uns über Wasser und spielten Theater und Varieté in Gasthaus-Sälen und Turnhallen", sagt er. Täglich hätten sie Lebensmittel beschaffen müssen, es habe ja kaum etwas gegeben. Ich frage, ob sie als Verfolgte keine Hilfe von den Behörden bekommen hätten. Ja, doch, sagt er, bei der UNRRA (UN-Hilfsorganisation) habe man ihnen zu essen gegeben. Viele Jahre später habe der Staat ihnen eine Entschädigung gezahlt „Das war sehr wenig", sagt Cavaljeti und fügt mit der ihm eigenen, unbeirrbar positiven Weltsicht hinzu: „Aber wir haben uns trotzdem gefreut." Ihr „Startkapital" für eine neue Existenz damals waren die Zigarettenpäckchen und Schokoladentafeln, die die begeisterten „Amis" ihnen auf die Bühne warfen und die Mirano und sein Bruder auf dem Schwarzmarkt verkaufen konnten.

Das Ende des Wander-Varietés

Bis 1961 war der theaterspielende und musizierende Familienverbund unterwegs. In diesem Jahr sei eine Verordnung erlassen worden, die ihnen verbot, mit ihren großen Wohnwagen auf den Landstraßen zu fahren. Es habe geheißen, so Mirano, die Tochter von Bundeskanzler Adenauer habe das veranlasst, aber wahrscheinlich war das nur ein Gerücht. Ihre schönen Wohnwagen tauschten sie gegen Autos und Campinganhänger. Fast zeitgleich ging auch das Wanderleben als Komödianten zu Ende. Ihr Publikum blieb aus. Die Konkurrenz von Kino und Fernsehen schnitt ihnen die Verdienstmöglichkeiten ab. Mit dem wirtschaftlichen Aufschwung der Bundesrepublik begann der Niedergang dieser traditionellen Kultur.

Den mittlerweile erfolgreichen Tenor Mirano Cavaljeti betraf das nicht direkt. Er war zu dieser Zeit am Opernhaus in St. Gallen engagiert und sah noch eine große Zukunft vor sich. Seine Familienangehörigen jedoch mussten sich umorientieren. Die Männer begannen mit Gebrauchtwagen zu handeln, die Frauen verkauften Textilien, Miranos Bruder Harry gründete ein Fahrgeschäft und wurde Schausteller. Das Winterquartier in Stadeln wurde zu ihrem festen Wohnort.

Durch Mirano Cavaljetis Erzählung ziehen sich zwei Grundstimmungen, die im Kontrast zueinander stehen und doch zusammengehören: die Schrecken und Gefahren, denen er und seine Angehörigen ausgesetzt waren, und die Entspannung beim abendlichen Spiel, bei dem gelacht und getanzt wurde – niemand von ihnen ließ sich die Angst anmerken, die ihnen im Nacken saß. Konnte das Lachen und Singen, das „So-tun-als-ob", über die Abgründe hinweghelfen? Haben sie später, nach dem Krieg, als sie sofort wieder zu spielen begannen, auf diese Weise ihre Erinnerungen gezähmt und gebändigt? Haben sie miteinander über die Zeit der Verfolgung gesprochen?

Die Antwort Cavaljetis auf diese Frage zeigt die dunkle Seite des Bildes, jenseits der heiteren Melodien und Tänze: Seine Eltern hätten häufig über das grausame Geschehen während der Verfolgung in der

Nazi-Zeit gesprochen, sagt er, „ein Albtraum" sei es für sie und alle Familienmitglieder gewesen, den sie nie vergessen konnten. „Meine Mutter schlief sehr schlecht, sie weinte oft. Wenn ich es bemerkte, ging ich zu ihr, tröstete sie. Sie sagte dann, sie hätte schlecht geträumt und sie denke oft an die Zeit zurück, als wir auf dem Balkan auf der Flucht waren. Vor allem musste sie immer an das Arbeitslager in Marburg-Thesen denken. Dabei weinte sie und zitterte am ganzen Körper. Heute kann ich sagen, dass meine Eltern diese schwere Zeit nie wirklich verarbeitet haben. Sie waren traumatisiert. Auch mein Vater hatte Albträume. Er schrie oft im Schlaf und wachte schweißgebadet auf. Mir wird immer klarer, dass meine Eltern und auch mein Bruder damals durch die Hölle gehen mussten. Meine Mama wurde mit zunehmendem Alter herzkrank und hatte schreckliche Angstzustände. Mein Vater war oft in sich gekehrt und rauchte sich kaputt. Mein Bruder litt an Depressionen." Auch er selbst habe, fügt er hinzu, Albträume gehabt und zeitweilig an Depressionen gelitten. Nach einigen Jahren erst seien diese Zustände schwächer geworden und seltener aufgetreten.

Mirano Cavaljeti und seine Familie hätten damals psychologische Hilfe und besondere Unterstützung benötigt. Doch in der Nachkriegszeit blieben sie und viele andere Schicksalsgefährten mit ihren schmerzhaften Erinnerungen weitgehend allein. Es fehlte an sozialer und medizinischer Fürsorge für die traumatisierten Menschen – lange Zeit nahm die Mehrheitsgesellschaft ihre Leiden überhaupt nicht zur Kenntnis. Stattdessen sahen die Überlebenden sich weiterhin mit den alten Vorurteilen, mit Ausgrenzungs- und Kriminalitätsvorwürfen konfrontiert, etwa wenn ihnen in den Amtsstuben der frühen Bundesrepublik im Rahmen von Entschädigungsverfahren häufig die Verfolger aus der NS-Zeit gegenübersaßen, die nun als „Experten für Zigeunerfragen" fungierten. Erst zu Beginn der 1980er-Jahre, in der Folge des Hungerstreiks in der Gedenkstätte Dachau, erkannten die Bundesregierung und der Bundestag die NS-Verbrechen an den Sinti und Roma als Völkermord an.

Seitdem hat sich – wenn auch sehr langsam – einiges verändert. Im Berliner Tiergarten wurde ein Mahnmal für die ermordeten Sinti und Roma errichtet, in Städten und Gemeinden wurden Gedenktafeln eingeweiht und Stolpersteine verlegt. Alljährlich am 27. Januar, dem Gedenktag für die Opfer des Nationalsozialismus, wird neben Jüdinnen und Juden sowie anderen vom NS-Regime Verfolgten auch der ermordeten Sinti und Roma gedacht. Für viele der Überlebenden kam diese Entwicklung zu spät. Doch immerhin haben sich einige wenige unter ihnen ermutigt gefühlt, ihre Geschichten von Verfolgung und Leid, von Selbstbehauptung und Widerstehen über den familiären Rahmen hinaus zu tragen und sie der Gesellschaft anzuvertrauen, in der Hoffnung, endlich gehört und verstanden zu werden.

Der Text von Mirano Cavaljeti ist ein berührender Versuch, sich der eigenen Geschichte zu vergewissern und sie in das kollektive Gedächtnis einzuschreiben.

Zur Herausgeberin

Annette Leo lebt in Berlin und arbeitet als Historikerin und Publizistin. Sie beschäftigt sich vor allem mit Geschichtsbildern, Geschichtsbewusstsein, mit biografischen Forschungen und Oral History.
www.annette-leo.de

Dank

Ich danke Angélique Richter, der Tochter von Mirano Cavaljeti, für ihre Unterstützung in allen Phasen unserer gemeinsamen Arbeit.

Mein Dank gilt der Leiterin des Zentrums für Antisemitismusforschung, Stefanie Schüler-Springorum, die diese Publikation überhaupt ermöglicht hat.

Die Historikerin Marija Vulesica hat Mirano Cavaljetis Bericht und mein Nachwort gelesen und sprachliche Fehler und sachliche Ungenauigkeiten korrigiert. Ihr verdanke ich auch den Hinweis auf den Zeitzeugenbericht von Krsto Bosanac, dessen Erinnerungen sich in einigen Punkten mit denen von Cavaljeti berühren.

Meine Schwester Doris Leo, meine Kolleginnen Isabel Enzenbach und Linde Apel haben den Text gelesen und mich ermutigt, trotz der anfänglichen Ablehnung seitens zahlreicher Verlage weiter nach einer Publikationsmöglichkeit zu suchen.

Dank auch an Fritz Veitl und Nicole Warmbold vom Metropol Verlag für die unkomplizierte und engagierte Zusammenarbeit.